Impressum
Verlag: BABADADA GmbH, Nedderfeld 112 , 22529 Hamburg
Geschäftsführer / Verlagsleitung: Harald Hof
Druck: Books on Demand GmbH, In de Tarpen 42, 22848 Norderstedt

Imprint
Publisher: BABADADA GmbH, Nedderfeld 112 , 22529 Hamburg, Germany
Managing Director / Publishing direction: Harald Hof
Print: Books on Demand GmbH, In de Tarpen 42, 22848 Norderstedt, Germany

Szkoła
ትምህርት ቤት

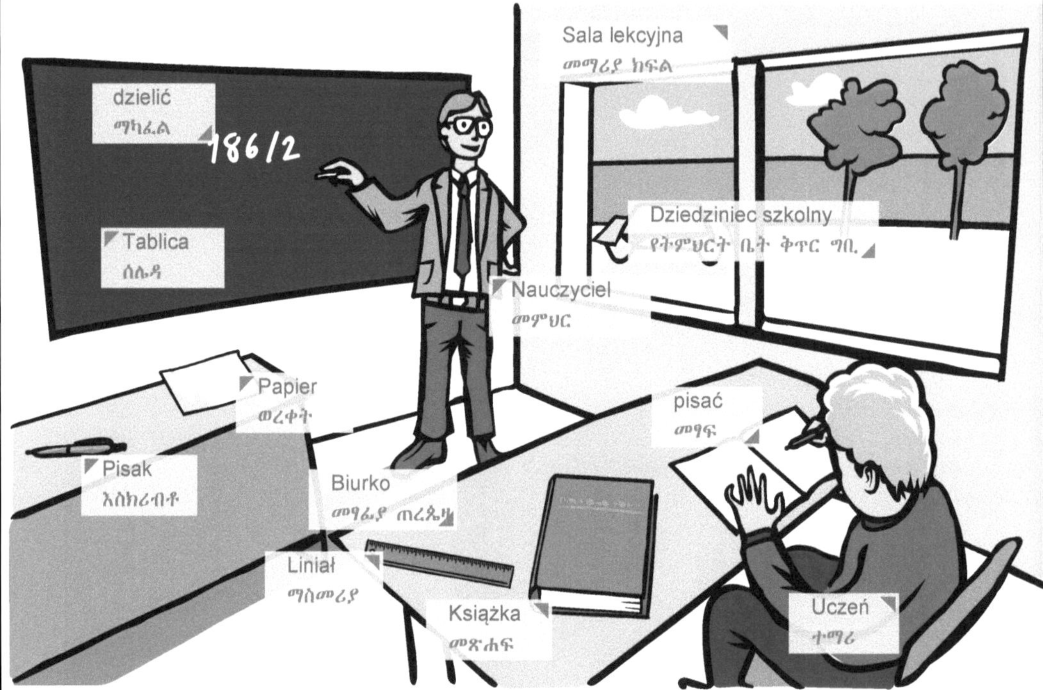
Sala lekcyjna
መማሪያ ክፍል
dzielić
ማካፈል
186/2
Tablica
ሰሌዳ
Dziedziniec szkolny
የትምህርት ቤት ቅጥር ግቢ
Nauczyciel
መምህር
Papier
ወረቀት
pisać
መፃፍ
Pisak
እስክሪብቶ
Biurko
መፃፊያ ጠረጴዛ
Liniał
ማስመሪያ
Książka
መጽሐፍ
Uczeń
ተማሪ

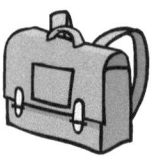

Plecak szkolny
የጀርባ ቦርሳ

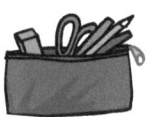

Piórnik
የእርሳስ መያዣ

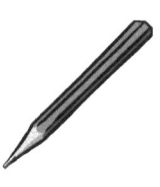

Ołówek
እርሳስ

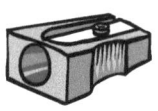

Temperówka
የእርሳስ መቅረጫ

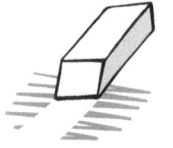

Gumka do mazania
ላጲስ

Blok rysunkowy
የስዕል ደብተር

Rysunek

ስዕል

Pędzel

የቀለም ብሩሽ

Pudełko z akwarelami

የቀለም ሳጥን

Nożyce

መቀስ

Klej

ማጣበቂያ

Książka do ćwiczenia

መልመጃ ደብተር

Zadanie domowe

የቤት ስራ

Liczba

ቁጥር

dodawać

መደመር

odejmować

መቀነስ

mnożyć

ማባዛት

liczyć

ቁጥሮችን ማስላት

Litera

ደብዳቤ

Alfabet

ፊደላት

Słowo

ቃል

Tekst

ዕሑፍ

czytać

ማንበብ

Kreda

ጠመኔ

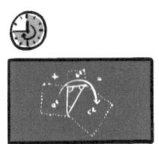

Godzina

ትምህርት

Dziennik lekcyjny

ምዝገባ

Egzamin

ፈተና

Świadectwo

ሰርተፊኬት

Mundurek szkolny

የትምህርት ቤት የደንብ ልብስ

Wykształcenie

ትምህርት

Leksykon

አዉደ ጥበብ

Uniwersytet

ዩኒቨርስቲ

Mikroskop

የምርምር አጉሊ መሳርያ

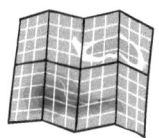

Mapa

ካርታ

Kosz na odpadki

የቆሻሻ ወረቀት መጣያ ቅርጫት

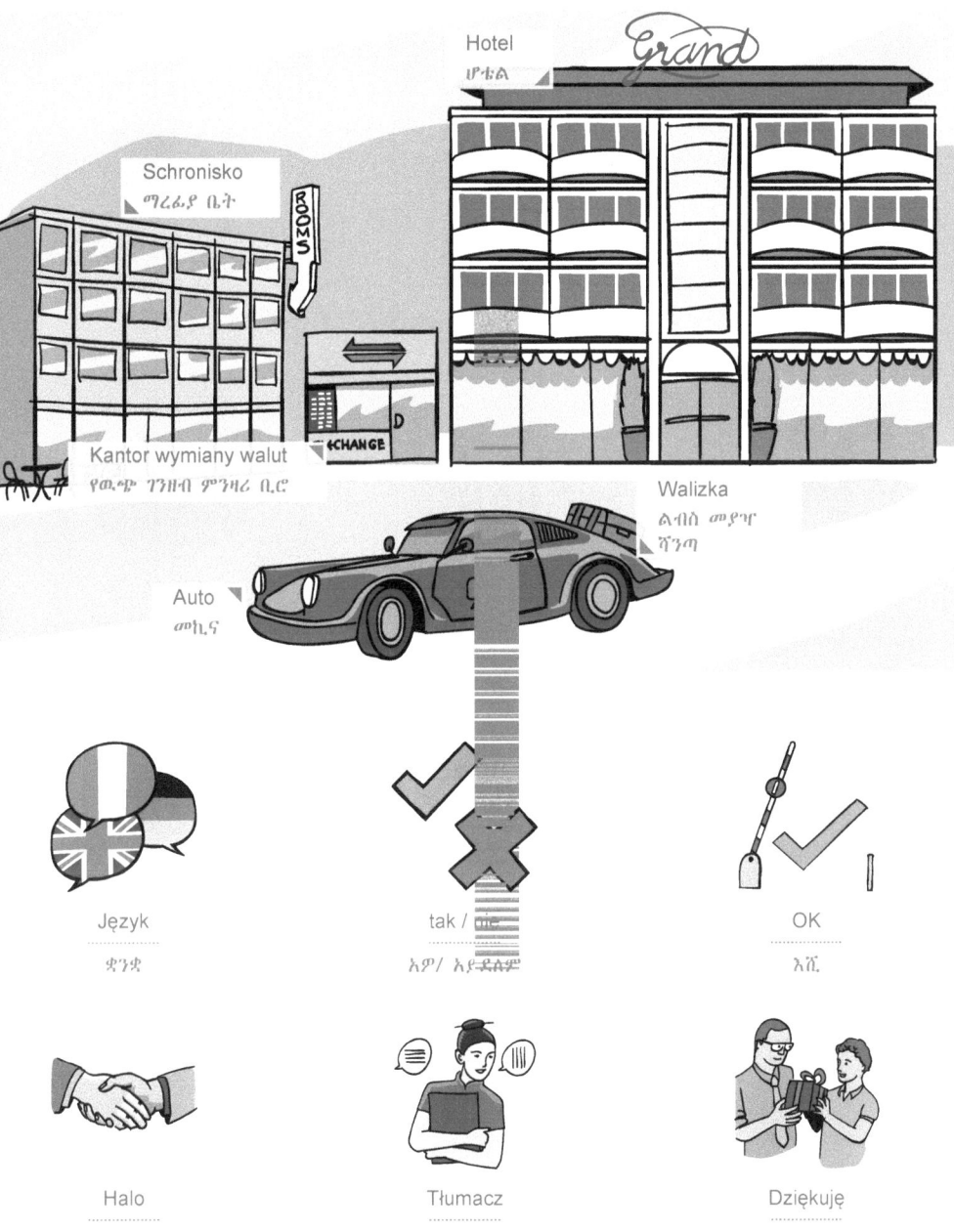

Hotel
ሆቴል

Schronisko
ማረፊያ ቤት

Kantor wymiany walut
የውጭ ገንዘብ ምንዛሪ ቢሮ

Walizka
ልብስ መያዣ ሻንጣ

Auto
መኪና

Język	tak / nie	OK
ቋንቋ	አዎ/ አይ ደለም	እሺ
Halo	Tłumacz	Dziękuję
ሰላም	አስተርጓሚ	አመሰግናለሁ

Ile kosztuje ...?

ስንት ነው.......?

Nie rozumiem

አልገባኝም

Problem

እክል

Dobry wieczór!

እንደምን አመሹ!

Dzień dobry!

እንደምን አደሩ!

Dobranoc!

መልካም ምሽት!

Do widzenia

ደህና ይስንብቱ

Kierunek

አቅጣጫ

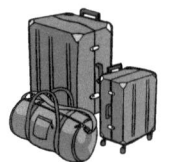

Bagaż

ሻንጣ

Torba

ቦርሳ

Plecak

የጀርባ ቦርሳ

Gość

እንግዳ

Pokój

ክፍል

Śpiwór

የመተኛ ቦርሳ

Namiot

ድንኳን

Informacja turystyczna

የጎብኚዎች መረጃ

Plaża

የባህር ዳርቻ

Karta kredytowa

ክሬዲት ካርድ

Śniadanie

ቁርስ

Obiad

ምሳ

Kolacja

እራት

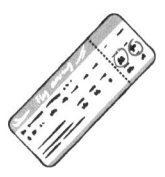

Bilet

ቲኬት

Winda

አሳንስር

Znaczek na list

ማህተም

Granica

ድንበር

Cło

ባህሎች

Ambasada

ኤምባሲ

Wiza

ቪዛ/የይለፍ ወረቀት

Paszport

ፓስፖርት

Transport

መጓጓዣ

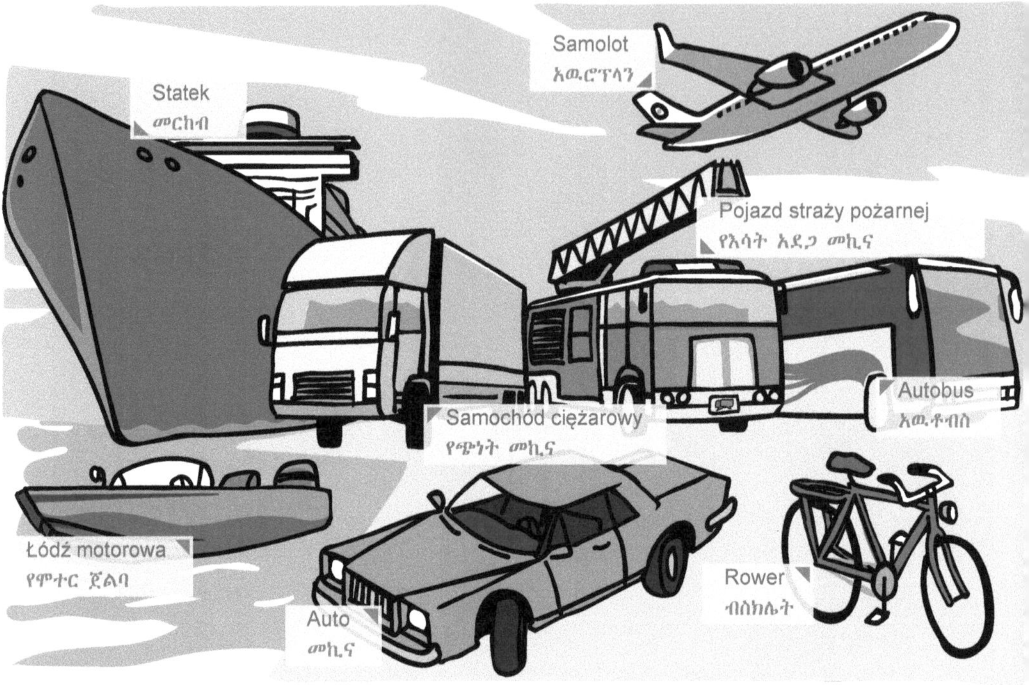
Samolot
አዉሮፕላን
Statek
መርከብ
Pojazd straży pożarnej
የእሳት አደጋ መኪና
Autobus
አዉቶብስ
Samochód ciężarowy
የጭነት መኪና
Łódź motorowa
የሞተር ጀልባ
Rower
ብስክሌት
Auto
መኪና

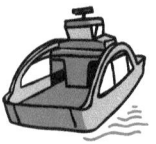

Prom

የማመላለሻ ጀልባ

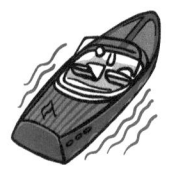

Łódź

ጀልባ

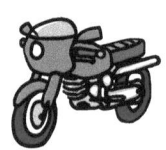

Motocykl

የሞተር ብስክሌት

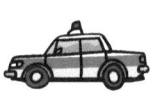

Radiowóz policyjny

የፖሊስ መኪና

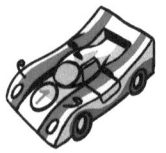

Samochód wyścigowy

የዉድድር መኪና

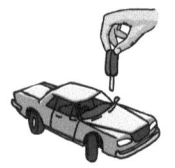

Samochód wypożyczony

የኪራይ መኪና

Wspólne przejazdy
samochodem

የመኪና መጋራት

Samochód pomocy
drogowej

ጎታች መኪና

Śmieciarka

የቆሻሻ ማንሳት መኪና

Silnik

ሞተር

Benzyna

ነዳጅ

Stacja benzynowa

የቤንዚን ማደያ

Znak drogowy

የመንገድ ምልክት

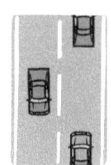

Ruch

የመኪኖች እንቅስቃሴ

Korek

የመኪና መጨናነቅ

Parking

የመኪና ማቆሚያ

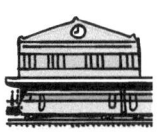

Dworzec

የባቡር ጣቢያ

Szyny

የባቡር ሀዲዶች

Pociąg

ባቡር

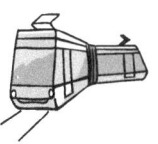

Tramwaj

የኤሌክትሪክ ባቡር

Wagon

ሰረገላ

Helikopter

ሄሊኮፕተር

Lotnisko

አየር ማረፊያ

Wieża

ግንብ

Pasażer

መንገደኛ

Kontener

ማስቀመጫ፣ ማጠራቀሚያ

Karton

ካርቶን እቃ ማሸጊያ

Taczka

ጋሪ፣ ተሳቢ

Kosz

ቅርጫት

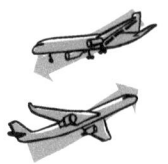

startować / lądować

መነሳት / ማረፍ

Miasto

ከተማ

Wieś

መንደር

Centrum miasta

የከተማ ማዕከል

Dom

ቤት

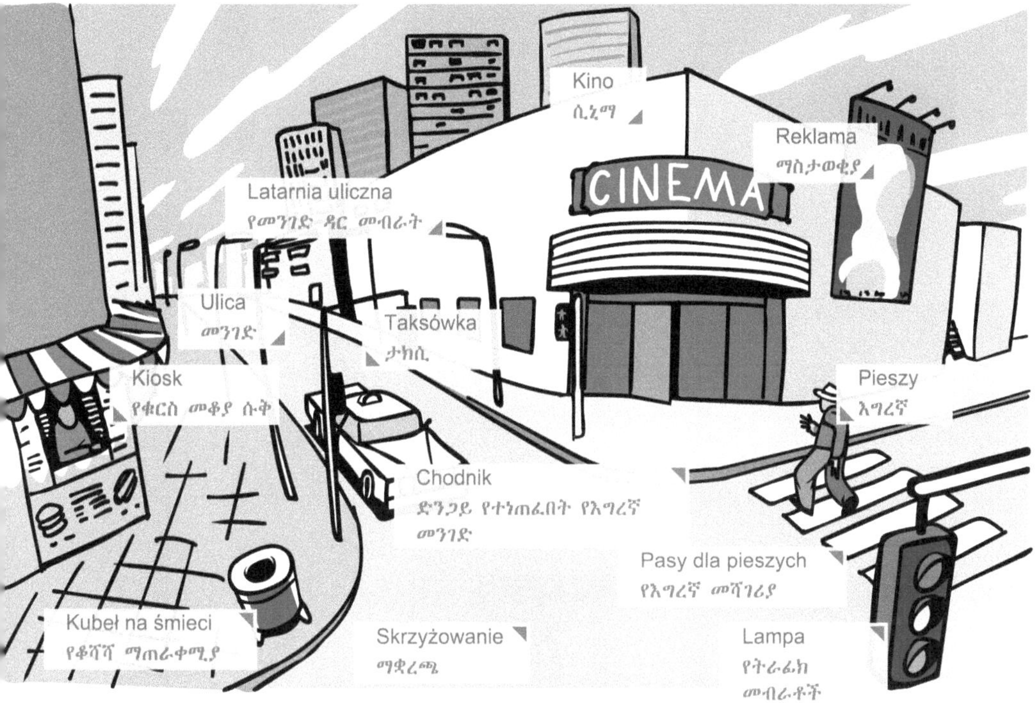
Kino
ሲኒማ
CINEMA
Reklama
ማስታወቂያ
Latarnia uliczna
የመንገድ ዳር መብራት
Ulica
መንገድ
Taksówka
ታክሲ
Kiosk
የቁርስ መቆያ ሱቅ
Pieszy
እግረኛ
Chodnik
ድንጋይ የተነጠፈበት የእግረኛ መንገድ
Pasy dla pieszych
የእግረኛ መሻገሪያ
Kubeł na śmieci
የቆሻሻ ማጠራቀሚያ
Skrzyżowanie
ማቋረጫ
Lampa
የትራፊክ መብራቶች

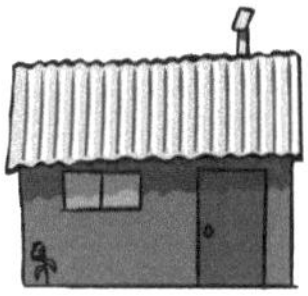

Chata

ጎጆ

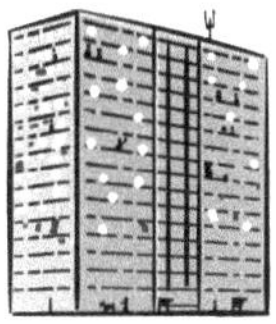

Mieszkanie

አፓርታማ

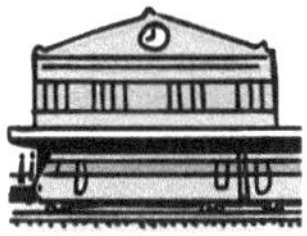

Dworzec

የባቡር ጣቢያ

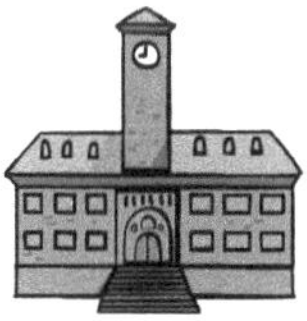

Ratusz

የከተማ አዳራሽ

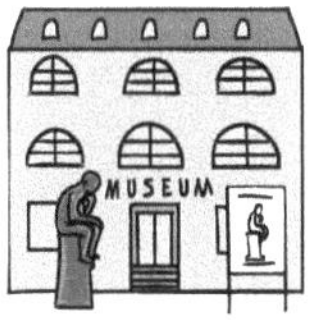
MUSEUM

Muzeum

ቤተ መዘክር

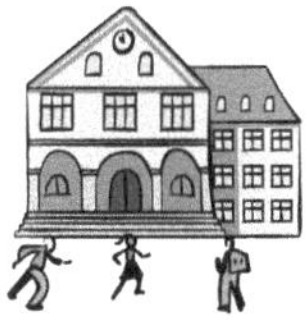

Szkoła

ትምህርት ቤት

Uniwersytet

ዩኒቨርስቲ

Bank

ባንክ

Szpital

ሆስፒታል

Hotel

ሆቴል

Apteka

መድሐኒት ቤት

Biuro

ቢሮ

Księgarnia

መፅሐፍ መሸጫ

Sklep

ሱቅ

Kwiaciarnia

የአበባ መሸጫ

Supermarket

የሽቀጣ ሽቀጥ መደብር

Rynek

ገበያ ስፍራ

Dom towarowy

መደብር

Sklep z rybami

የዓሳ ነጋዴ

Centrum handlowe

የገበያ ማዕከል

Port

ወደብ

Park

መናፈሻ ቦታ

Ławka

አግዳሚ ወንበር

Most

ድልድይ

Schody

ደረጃዎች

Metro

ዉስጥ ለዉስጥ

Tunel

ዋሻ

Przystanek autobusowy

የአዉቶቡስ ፌርማታ

Bar

ባር

Restauracja

ምግብ ቤት

Skrzynka na listy

የፖስታ ሳጥን

Tabliczka z nazwą ulicy

የመንገድ ምልክት

Parkometr

የመኪና ማቆሚያ ሒሳብ የሚያሰላ ማሽን

Zoo

የደር እንስሳት ማቆያ

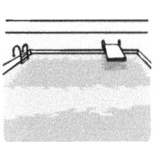

Łaźnia

የመዋኛ ገንዳ

Meczet

መስጊድ

Gospodarstwo chłopskie

እርሻ

Zanieczyszczenie środowiska

የሚበክል ነገር

Cmentarz

መቃብር ስፍራ

Kościół

ቤተ ክርስቲያን

Plac zabaw

መጫወቻ ሜዳ

Świątynia

ቤተ መቅደስ

Krajobraz

መልከዓምድር

Liść
ቅጠል

Drogowskaz
የመንገድ ላይ
ምልክት

Droga
መንገድ

Łąka
አረንጓዴ መስክ

Kamień
ድንጋይ

Wędrowiec
በእግሩ የሚጓዝ

Drzewo
ዛፍ

Rzeka
ወንዝ

Trawa
ሳር

Kwiat
አበባ

Dolina

ሸለቆ

Góra

ኮረብታ

Jezioro

ሀይቅ

Las

ጫካ

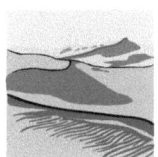

Pustynia

በረሃ

Wulkan

እሳተ ገሞራ

Zamek

ግምብ

Tęcza

ቀስተ ደመና

Grzyb

እንጉዳይ

Palma

የቴምብር ዛፍ/ ዘንባባ

Komar

ቢንቢ/ የወባ ትንኝ

Mucha

በራሪ

Mrówka

ጉንዳን

Pszczoła

ንብ

Pająk

ሸረሪት

Chrząszcz

ጢንዚዛ

Żaba

እንቁራሪት

Wiewiórka

ሽኮኮ

Jeż

ጃርት

Zając

ጥንቸል

Sowa

ጉጉት ወፍ

Ptak

ወፍ

Łabędź

የዉሃ ዳክዬ

Dzik

ከርከሮ

Jeleń

አጋዘን

Łoś

አጋዘን

Tama

ግድብ

Wiatrak

በነፋስ የሚሽከረከር

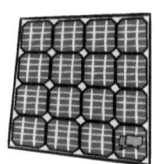

Moduł solarny

የፀሀይ ፓኔሎ

Klimat

አየር ንብረት

Kelner
አስተናጋጅ

Menu
ማዉጫ

Krzesło
ወንበር

Pizza
ፒዛ

Zupa
ሾርባ

Sztućce
መኸተፊያ

Obrus
የጠረጴዛ ጨርቅ

Przystawka

የምግብ ፍላጎትን የሚከፍት ምግብ

Danie główne

ዋና ምግብ

Deser

ማጣጣሚያ ተከታይ ምግብ

Napoje

መጠጦች

Jedzenie

ምግብ

Butelka

ጠርሙስ

Fastfood

ፈጣን ምግብ

Streetfood

የመንገድ ምግብ

Dzbanek na herbatę

የሻይ ማንቆርቆሪያ

Cukierniczka

የስኳር እቃ

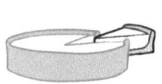

Porcja

ድርሻ

Zaparzarka do espresso

የቡና ማፍያ ማሽን

Krzesło dla dziecka

ባለጌ ወንበር

Rachunek

የክፍያ ደረሰኝ

Taca

ትሪ

Noż

ቢላዋ

Widelec

ሹካ

Łyżka

ማንኪያ

Łyżeczka

የሻይ ማንኪያ

Serwetka

ልብስ ምግብ እንዳይነካ የሚረዳ
ጨርቅ

Szklanka

ብርጭቆ

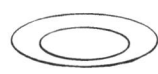

Talerz

ዝርግ ሰሃን

Talerz do zupy

የሾርባ ጎድጓዳ ሰሃን

Podstawek pod filiżankę

የስኒ ማስቀመጫ

Sos

ማጣፈጫ ስጎ

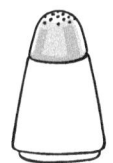

Solniczka

የጨው እቃ

Młynek do pieprzu

የተፈጨ ቃሪያ

Ocet

ኮምጣጤ

Olej

የምግብ ዘይት

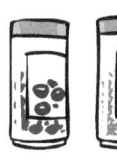

Przyprawy

ቀመማ ቅመሞች

Keczup

የቲማቲም ድልህ

Musztarda

ሰናፍጭ

Majonez

ማዮኒዝ

Supermarket

የሸቀጣ ሸቀጥ መደብር

Oferta
ልዩ አቅራቦት
FOR
Klient
ደምበኛ
Produkty mleczne
የወተት ተዋፅዖ
Owoce
ፍራፍሬ
Wózek sklepowy
ባለ ጎማ የእጅ ጋሪ

BUTCHERS

Rzeźnia

ሉካንዳ ነጋዴ

BAKERY

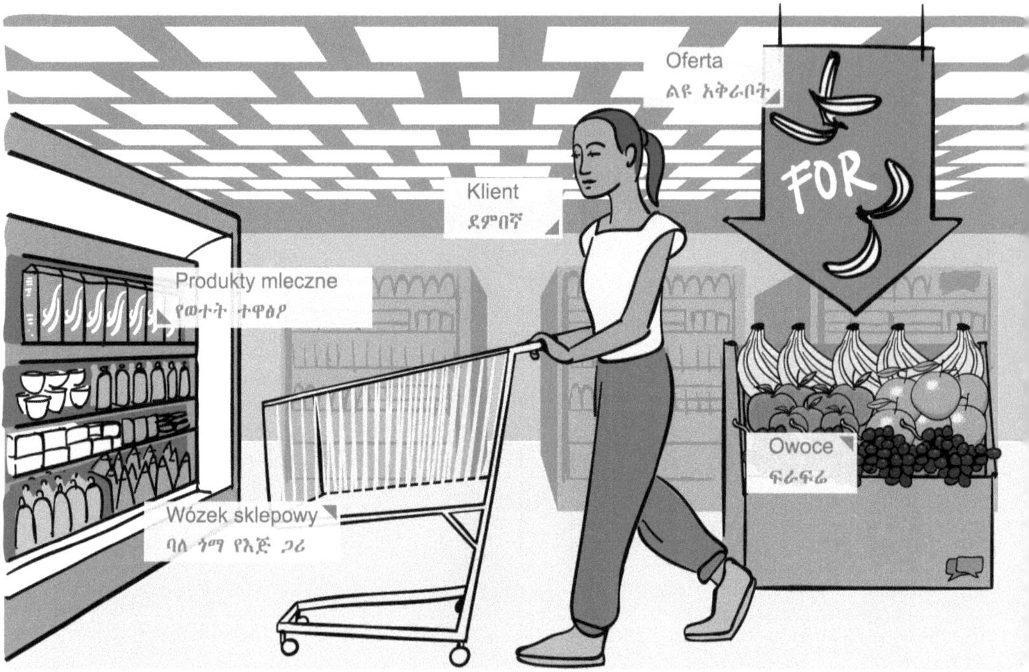

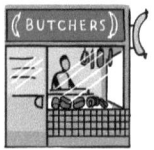

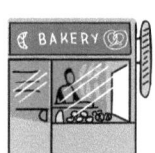

Piekarnia

መጋገርያ

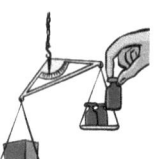

ważyć

ክብደት መመዘን

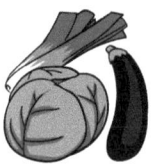

Warzywa

ቅጠላ ቅጠል አትክልት

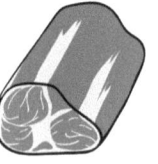

Mięso

ስጋ

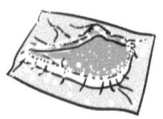

Mrożonki

የቀዘቀዘ/የረጋ ምግብ

Wędliny

ቀዝቃዛ ቁራጭ

Konserwy

የታሸገ ምግብ

Proszek m do prania

የማጠቢያ ዱቄት

Słodycze

ጣፋጮች

Artykuły użytku domowego

የቤት ዉስጥ ዉጤቶች

Środek czyszczący

የፅዳት ምርቶች

Sprzedawczyni

የሽያጭ ባለሙያ

Kasa

የገንዘብ መመዝበ.ያ ማሽን

Kasjer

የሒሳብ ሰራተኛ

Lista zakupów

የግ.ዢ ዝርዝር

Godziny otwarcia

ክፍት ሰዓታት

Portfel

የኪስ ቦርሳ

Karta kredytowa

ክሬዲት ካርድ

Torba

ቦርሳ

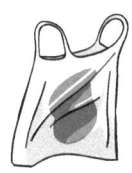

Torebka plastikowa

የፕላስቲክ ቦርሳ

Woda

ውሃ

Sok

ጭማቂ

Mleko

ወተት

Cola

ኮካ-ኮላ

Wino

ወይን

Piwo

ቢራ

Alkohol

አልኮል

Kakao

ኮካ

Herbata

ሻይ

Kawa

ቡና

Espresso

የተፈላ ቡና

Cappuccino

ካፑቺኖ

Banan

መሙዝ

Jabłko

ፖም

Pomarańcza

ብርቱካን

Arbuz

ሀብሀብ

Cytryna

ሎሚ

Marchew

ካሮት

Czosnek

ነጭ ሽንኩርት

Bambus

ሽምበቆ

Cebula

ቀይ ሽንኩርት

Grzyb

እንጉዳይ

Orzechy

ለውዝ

Makaron

የህፃናት ምግብ

Spaghetti

Ryż

ሩዝ

Sałatka

ሰላጣ

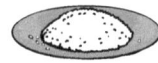

ፓስታ

Frytki

የድንች ጥብስ

Ziemniaki pieczone

ድንች ጥብስ

Pizza

ፒዛ

Hamburger

ዳቦ ዉስጥ በስሱ ተጠብሶ የገባ ስጋ

Kanapka

ሳንድዊች

Sznycel

ጥሬ ስጋ

Szynka

የአሳማ ስጋ

Salami

በቅመምና በጨዉ የታሸ ምግብ ቀዝቅዞ የሚበላ ሾርባ ምግብ

Kiełbasa

ሊማ

Kura

ዶሮ

Pieczeń

ጥብስ

Ryba

አሳ

Płatki owsiane

የአጃ ገንፎ

Musli

ከወተት ጋር ተደባልቀዉ የሚበሉ ምግቦች

Płatki kukurydziane

የበቆሎ ቅርፊት

Mąka

ዱቄት

Croissant

ኩሩሳ

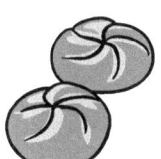

Bułka

ድብልብል ዳቦ

Chleb

ዳቦ

Toast

መጥበስ

Ciastka

ብስኩት

Masło

ቅቤ

Twarożek

እርጎ

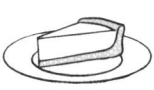

Ciasto

ኬክ

Jajko

እንቁላል

Jajko sadzone

እንቁላል ጥብስ

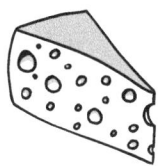

Ser

አይብ

Lody

የበረዶ ክሬም

Cukier

ስኳር

Miód

ማር

Marmolada

ማርማላት

Krem nugatowy

የተናጠ የወተት ክሬም

Curry

ማጣፈጫ

Dom rolnika
የገበሬ ቤት

Baloty słomy
የጭድ ክምር

Stodoła
የእህልና የከብት ማቀመጫ
ቤት

Pole
ሜዳ

Kon
ፈረስ

Przyczepa
ተሳቢ መኪና

Żrebię
የፈረስ ዉርንጭላ

Traktor
የእርሻ መኪና

Osioł
አህያ

Owca
በግ

Jagnię
የበግ ጠቦት

Koza

ፍየል

Krowa

ላም

Cielę

ጥጃ

Świnia

አሳማ

Prosię

ግልገል አሳማ

Byk

ኮርማ

Gęś

ዝይ

Kaczka

ዳክዬ

Kurczątko

የዶሮ ጫጩት

Kura

ዶር

Kogut

አውራ ዶሮ

Szczur

አይጥ

Kot

ደድመት

Mysz

አይጥ

Osioł

በሬ

Pies

ውሻ

Buda dla psa

የውሻ ቤት

Wąż ogrodowy

የአትክልት ቦታ

Konewka

ውሃ ማጠጫ ባልዲ

Kosa

ረጅም ማጭድ

Pług

ማረሻ

Sierp

ማጭድ

Graca

መኰትኰቻ

Widły

የእህል መንሽ

Siekiera

መጥረቢያ

Taczka

ኩርኩር/ የእጅ ጋሪ

Koryto

ገንዳ

Kanka na mleko

የወተት ዕቃ

Worek

ጆንያ ከረጢት

Płot

አጥር

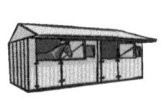

Stajnia

የፈረስ ጋጣ

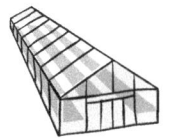

Szklarnia

ዕፅዋት ማሳደጊያ የመስታዉት
ቤት

Ziemia

አፈር

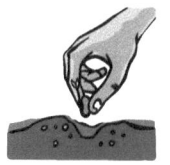

Nasiona

ዘር

Nawóz

የመሬት ማዳበሪያ

Kombajn zbożowy

ጥምር ማረሻ

zbierać

አዝመራ መሰብሰብ

Żniwa

አዝመራ

Podchrzyn

ድንች

Pszenica

ስንዴ

Soja

ሶያ

Ziemniak

ድንች

Kukurydza

በቆሎ

Rzepak

የከብት መኖ

Drzewo owocowe

የፍሬ ዛፍ

Maniok

የካሳቫ ዛፍ

Zboże

እህል

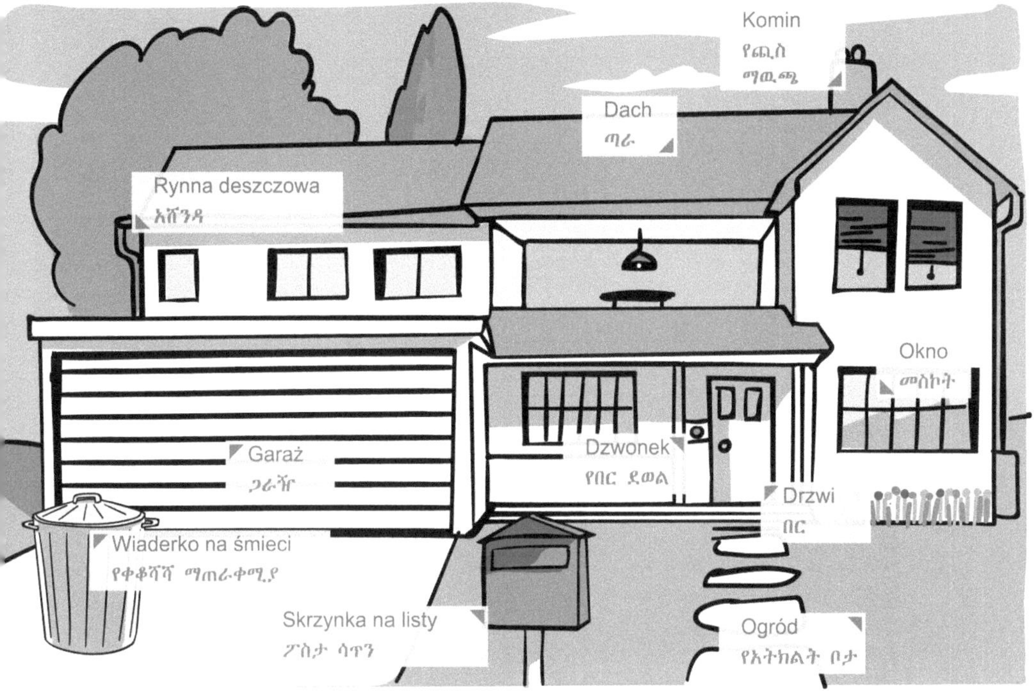

Komin
የጪስ ማዉጫ

Dach
ጣሪ

Rynna deszczowa
አሸንዳ

Okno
መስኮት

Garaż
ጋራዥ

Dzwonek
የበር ደወል

Drzwi
በር

Wiaderko na śmieci
የቆሻሻ ማጠራቀሚያ

Skrzynka na listy
ፖስታ ሳጥን

Ogród
የአትክልት ቦታ

Pokój dzienny

ሳሎን

Łazienka

መታጠቢያ ቤት

Kuchnia

ማድቤት

Sypialnia

መኝታ ቤት

Pokój dziecięcy

የልጅ ክፍል

Jadalnia

መመገቢያ ክፍል

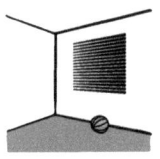

Ziemia

ወለል

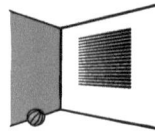

Ściana

ግድግዳ

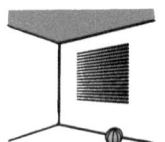

Koc

ጣሪያ

Piwnica

ምድር ቤት

Sauna

በእንፋሎት ሙቀት መታጠቢያ ቤት

Balkon

ሰገነት

Taras

ክፍ ያለ መደብ

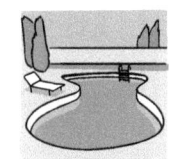

Basen

የመዋኛ ገንዳ

Kosiarka do trawy

የማጨጃ መኪና

Poszwa

አንሶላ

Kołdra

የአልጋ ልብስ

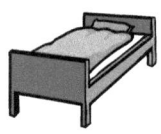

Łóżko

አልጋ

Miotła

መጥረጊያ

Wiadro

ባልዲ

Włącznik

ማብሪያና ማጥፊያ

Pokój dzienny

ሳሎን

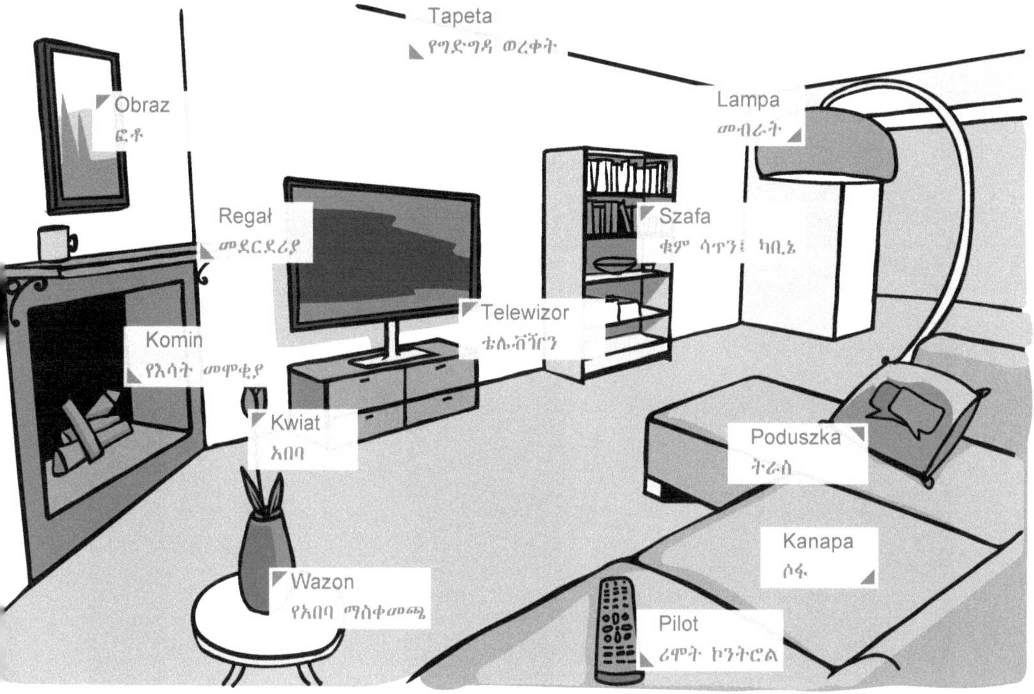

Tapeta
የግድግዳ ወረቀት
Obraz
ፎቶ
Lampa
መብራት
Regał
መደርደሪያ
Szafa
ቁም ሳጥን፤ ካቢኔ
Telewizor
ቴሌቭዥን
Komin
የእሳት መሞቂያ
Kwiat
አበባ
Poduszka
ትራስ
Kanapa
ሶፋ
Wazon
የአበባ ማስቀመጫ
Pilot
ሪሞት ኮንትሮል

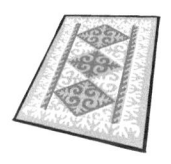

Dywan

ንጣፍ

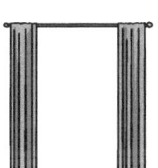

Zasłona

መጋረጃ

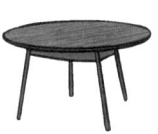

Stół

ጠረጴዛ

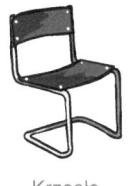

Krzesło

ወንበር

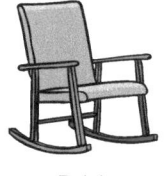

Bujak

ተወዛዋዥ ወንበር

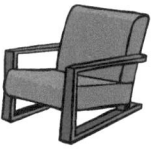

Fotel

ባለመደገፊያ ወንበር

Książka

መጽሐፍ

Sufit

ብርድ ልብስ

Dekoracja

ጌጥ

Drewno kominkowe

ማገዶ

Film

ፊልም

Instalacja stereo

የሙዚቃ መማሪያወች

Klucz

ቁልፍ

Gazeta

ጋዜጣ

Malunek

ስዕል

Plakat

የተለጠፈ ማስታወቂያ እንደ ስዕል

Radio

ራዲዮ

Notatnik

ማስታወሻ ደብተር

Odkurzacz

የአየር ማዕጀ ለምንጣፍ

Kaktus

ቁልቋል

Świeczka

ሻማ

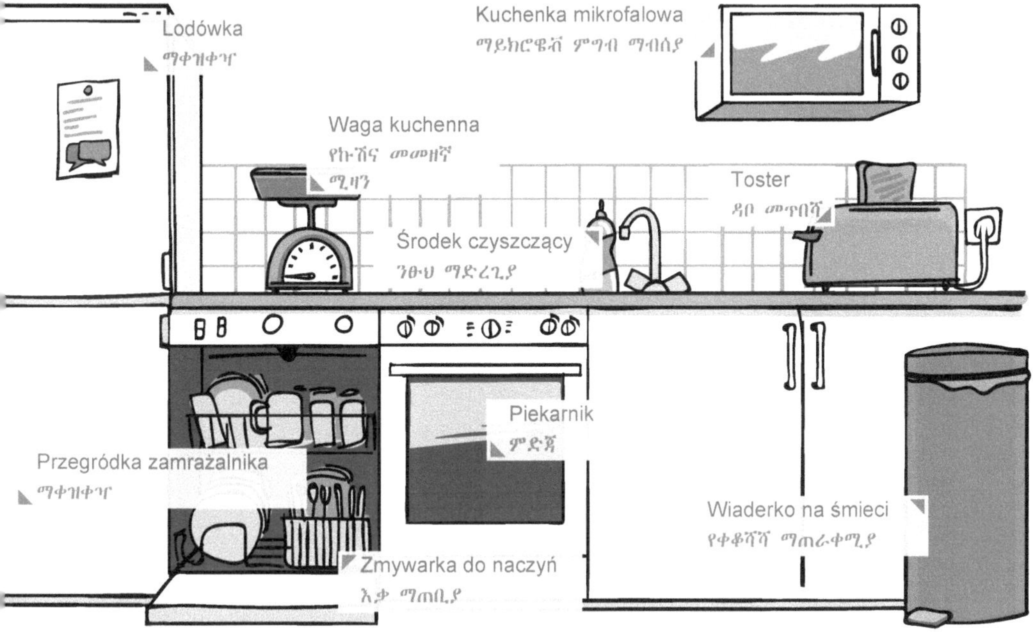

Lodówka
ማቀዝቀዣ

Kuchenka mikrofalowa
ማይክሮዌቭ ምግብ ማብሰያ

Waga kuchenna
የኩሽና መመዘኛ
ሚዛን

Środek czyszczący
ንጹህ ማድረጊያ

Toster
ዳቦ መጥበሻ

Piekarnik
ም ድ ጃ

Przegródka zamrażalnika
ማቀዝቀዣ

Zmywarka do naczyń
እቃ ማጠቢያ

Wiaderko na śmieci
የቆሻሻ ማጠራቀሚያ

Kuchenka

ምግብ አብሳይ

Garnek

ማሰር

Kocioł żeliwny

የብረት ማሰር

Wok / Kadai

ምግብ ማብሰያ ዝርግ ድስት

Patelnia

የምግብ መጥበሻ

Czajnik

ማንቆርቆሪያ

Parowar

የእንፉሎት ማብሰያ

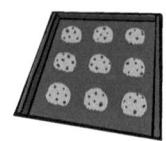

Blacha do pieczenia

የመጋገሪያ ትሪ

Naczynia kuchenne

ሰብስቦች

Kubek

ትልቅ ኩባያ

Miska

ጎድንዳ ሳህን

Pałeczki

ቾፕስቲክስ

Nabierka

ጭልፋ

Łopatka do smażenia

መስቀሰቂያ ዝርግ ማንኪያ

Trzepaczka do śmietany

ማደባለቂያ

Cedzak

መወጠሪያ

Sitko

ወንፊት

Tarka

መፈርፈሪያ መሳሪያ

Moździerz

ሲሚንቶ

Grillowanie

የፍም ጥብስ

Palenisko

የተለቀቀ እሳት

Deska

መክተፊያ

Wałek do ciasta

ተንሸራታች መርፌ

Korkociąg

የጠርሙስ መክፈቻ

Puszka

ጣሳ

Otwieracz do puszek

የጣሳ መክፈቻ

Ściereczka do trzymania garnka

የማሰሮ መሸፈኛ

Umywalka

ሳህን ማጠቢያ

Szczotka

ብሩሽ

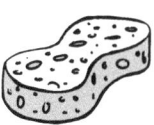

Gąbka

ስፖንጅ

Mikser

መደባለቂያ መሳሪያ

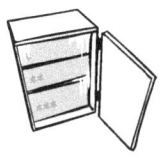

Zamrażarka

በጣም ማቀዝቀዣ

Butelka dla niemowlęcia

ጡጦ

Kran

ቧንቧ

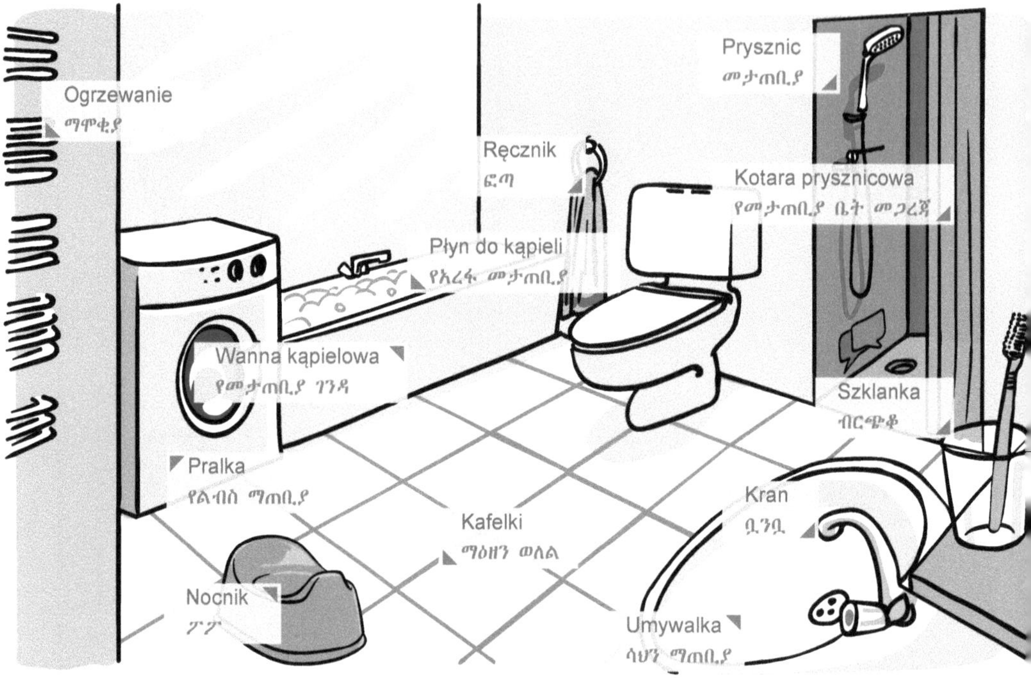

Prysznic
መታጠቢያ

Ogrzewanie
ማሞቂያ

Ręcznik
ፎጣ

Kotara prysznicowa
የመታጠቢያ ቤት መጋረጃ

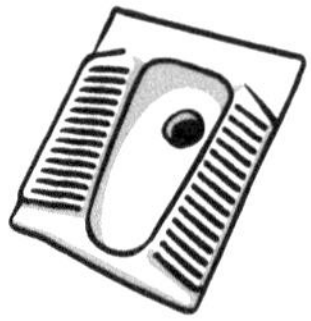

Płyn do kąpieli
የአረፋ መታጠቢያ

Wanna kąpielowa
የመታጠቢያ ገንዳ

Szklanka
ብርጭቆ

Pralka
የልብስ ማጠቢያ

Kafelki
ማዕዘን ወለል

Kran
ቧንቧ

Nocnik
ጉሮ

Umywalka
ሳህን ማጠቢያ

Toaleta	Toaleta kuczna	Bidet
ሽንት ቤት	የሽንት ቤት መቀመጫ	ሳፋ
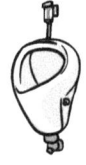		
Pisuar	Papier toaletowy	Szczotka toaletowa
የመንገድ ዳር መሽኛ	የሽንት ቤት ወረቀት	የሽንት ቤት ማዕጃ ብሩሽ

Szczoteczka do zębów

ጥርስ ብሩሽ

Pasta do zębów

ጥርስ ሳሙና

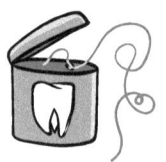

Nitki do czyszczenia zębów

ጥርስ ማፅጃ ክር

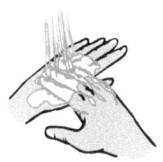

myć

መታጠብ

Głowica prysznicowa

እጅ መታጠቢያ

Płyn kąpielowy do higieny intymnej

መታጠቢያ

Miska do mycia

ንድንዳ ሳህን

Szczotka kąpielowa

ጀርባ ብሩሽ

Mydło

ሳሙና

Żel prysznicowy

መታጠቢያ ሚዝለገለግ ሳሙና

Szampon

ፀጉር መታጠቢያ ሳሙና

Rękawica kąpielowa

ለስላሳ ጨርቅ

Odpływ

ፍሳሽ

Krem

ክሬም

Dezodorant

ጠረን መቀ ሪያ ንጥረ ነገር

Lustro

መስታወት

Lustro kosmetyczne

የእጅ መስታወት

Golarka

ም ላጭ

Pianka do golenia

የመላጫ አረፋ

Woda po goleniu

ከመላጨት በኋላ የሚቀባ ሽቱ

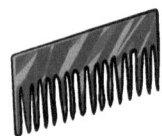

Grzebień

ማበጠሪያ

Szczotka

ብሩሽ

Suszarka do włosów

የፀጉር ማድረቂያ

Spray do włosów

በፀጉር ላይ የሚነፋ

Makijaż

የፊት መቀባቢያ

Pomadka

የከንፈር ቀለም

Lakier do paznokci

የጥፍር ቀለም

Wata

የጥጥ ሱፍ

Nożyczki do paznokci

ጥፍር መቁረጫ

Perfum

ሽቶ

Kosmetyczka

ማጠቢያ ባልዲ

Taboret

መቀመጫ

Waga

ሚዛን

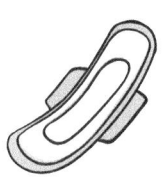

Szlafrok kąpielowy

የመታጠቢያ ልብስ

Rękawice gumowe

የላስቲክ ጓንት

Tampon

ሞዴስ

Podpaska damska

የዕዳት ፎጣ

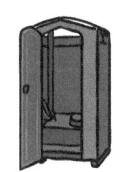

Toaleta chemiczna

የሽንት ቤት ኬሚካል

Pokój dziecięcy

ልጅ ክፍል

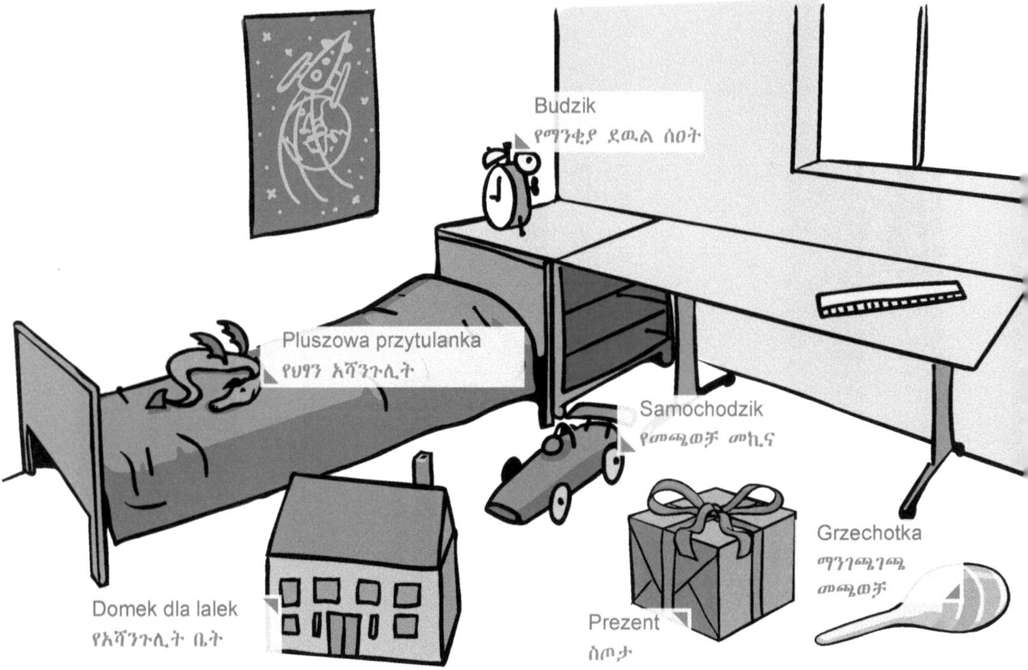

Budzik
የማንቂያ ደወል ሰዐት
Pluszowa przytulanka
የህፃን አሻንጉሊት
Samochodzik
የመጫወቻ መኪና
Grzechotka
ማንገጫገጫ
መጫወቻ
Domek dla lalek
የአሻንጉሊት ቤት
Prezent
ስጦታ

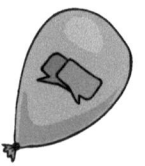

Balon

ፊኛ

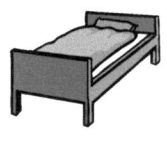

Łóżko

አልጋ

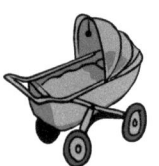

Wózek dziecięcy

የህፃን ማንሸራሸሪያ ጋሪ

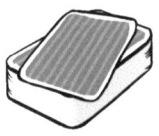

Gra w karty

የካርታ መጫወቻ

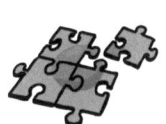

Puzzle

ቁርጥራጭ ምስሎችን የማገጣጠም
እና ምስል የማግኘት ጨዋታ

SUPER
MEGA

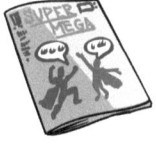

Komiks

አዝናኝ

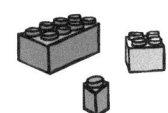

Klocki lego

ተገጣጣሚ መጫወቻ

Klocki

የመጫወቻ መገጣጠሚያዎች

Action figura

የድርጊት ምስል

Śpioszek dziecięcy

የህፃን እድገት

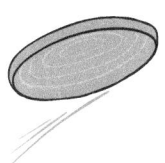

Frisbee

የፕላስቲክ መጫወቻ ዝርግ ሰሃን

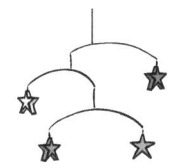

Zabawki ruchome

ተወዛዋዥ የህፃን ማጫወቻ

Gra planszowa

የሰሌዳ ጨዋታ

Kości

የመጫወቻ ጠጠር

Kolejka elektryczna

የመጫወቻ ባቡር

Smoczek

የእንጀራ እናት ጡጦ

Przyjęcie

ድግስ

Książka z ilustracjami

የስዕል መፅሀፍ

Piłka

ኳስ

Lalka

አሻንጉሊት

bawić się

መጫወት

Piaskownica

የአሸዋ መጫወቻ

Huśtawka

ሽዋሽዌ

Zabawki

መጫወቻዎች

Konsola do gier

የቪዲዮ መጫወቻ

Rowerek trójkołowy

ባለ ሶስት ጎማ ብስክሌት

Pluszowy miś

የአሻንጉሊት ድብ

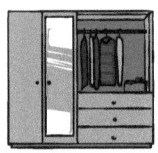

Szafa ubraniowa

ቁምሳጥን

Ubiór

አልባሳት

Skarpety

ካልሲዎች

Pończochy

ስቶኪንጎች

Rajstopy

ታይት

Szal
የአንገት ልብስ

Pasek
ቀበቶ

Parasol
ጥንጥላ

T-Shirt
ከናቴራ

Kozaki
ቦቲ

Obuwie sportowe
ስኒከሮች

Pantofle domowe
የቤት ዉስጥ ነጠላ ጫማ

Sandały	Buty	Kalosze
ነጠላ ጫማዎች	ጫማዎች	የዝናብ ቡትስ

Majtki	Biustonosz	Podkoszulek
ሙታንታ	ጡት መያዣ	ሰደርያ

Ubiór - አልባሳት   45

Body

ሰዉነት

Spodnie

ሱሪዎች

Dżins

ጅንስ

Spódnica

ጉርድ ቀሚስ

Bluzka

ሽሚዝ

Koszula

ሽሚዝ

Pulower

የሚጠለቅ ሹራብ

Bluza sportowa

ሹራብ

Marynarka

ዩኒፎርም ጃኬት

Kurtka

ጃኬት

Płaszcz

ኮት

Płaszcz przeciwdeszczowy

የዝናብ ኮት

Kostium

ልብስ

Sukienka

ቀሚስ

Suknia ślubna

የሙሽሪ ቀሚስ

Garnitur męski

ሱፍ

Koszula nocna

የለሊት ልብስ

Piżama

የለሊት ልብስ

Sari

ረጅም ቀሚስ

Chusta na głowę

ሂጃብ

Turban

ጥምጣም

Burka

ቡርቃ

Kaftan

ሸርጥ

Abaya

አባያ

Strój kąpielowy

የዋና ልብስ

Kąpielówki

አጭር ቁምጣ

Krótkie spodnie

ቁምጣዎች

Dres sportowy

የስራ ቱታ

Fartuch

ሸርጥ

Rękawiczki

ጓንት

Guzik

ቁልፍ

Okulary

መነጽር

Bransoletka

አምባር

Łańcuszek

የአንገት ሀብል

Pierścionek

ቀለበት

Kolczyk

የጆሮ ጌጥ

Czapka

ኮፍያ

Wieszak

የኮት መስቀያ

Kapelusz

ኮፍያ

Krawat

ከረባት

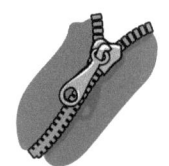

Zamek błyskawiczny

ዚፕ

Kask

የብረት ቆብ

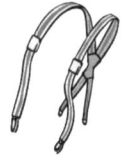

Szelki

መደገፊያ

Mundurek szkolny

የትምህርት ቤት የደንብ ልብስ

Mundur

የደንብ ልብስ

Śliniaczek

መሳረብ

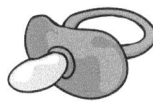

Smoczek

የእንጀራ እናት ጡጦ

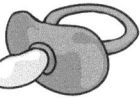

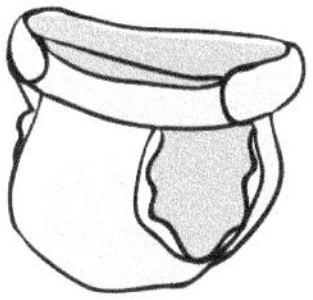

Pieluszka

ሽንት ጨርቅ

Serwer
ማሰራጫ ጣቢያ

Szafa na akta
የፋይል መደርደሪያ ካቢኔ

Drukarka
የህትመት መሳሪያ

Monitor
መቆጣጠሪያ

Papier
ወረቀት

Biurko
መዓፊያ ጠረጴዛ

Mysz
ማዉዝ

Segregator
ማህደር

Klawiatura
የመዓፊ ቁልፎች

Kosz na odpadki
የቆሻሻ ወረቀት መጣያ ቅርጫት

Krzesło
ወንበር

Komputer
ኮምፒዉተር

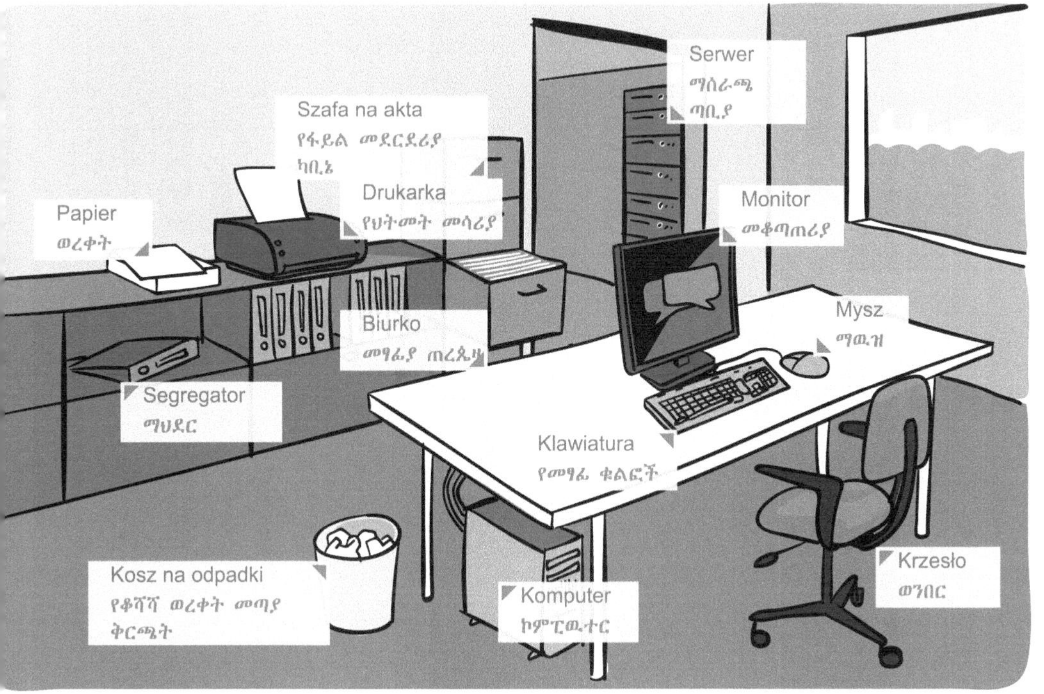

Filiżanka do kawy

የቡና መጠጫ ትልቅ ኩባያ

Kalkulator

ማስሊያ ማሽን

Internet

ኢንተርኔት

Laptop

ላፕቶፕ

List

ደብዳቤ

Wiadomość

መልዕክት

Komórka

ተንቀሳቃሽ ስልክ

Sieć

የግንኙነት አዉታር

Kopiarka

ማባዣ ማሽን

Oprogramowanie

ሶፍትዌር

Telefon

ስልክ

Gniazdko

የግድግዳ ሶኬት

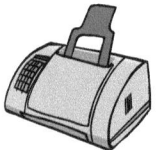

Faks

የፋክስ ማሽን

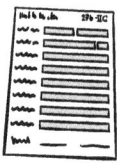

Formularz

ቅፅ

Dokument

ሰነድ

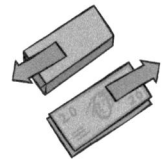

kupić

መግዛት

płacić

መክፈል

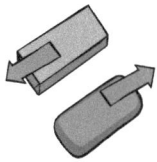

postępować

መነገድ

Pieniądze

ገንዘብ

Dolar

ላር

Euro

ዩሮ

Jen

የን

Rubel

ሩብል

Frank

የስዊዝ ፍራንክ

Juan Renminbi

ሬንሚንቢ. ዩዋን

Rupia

ሩጺ.

Bankomat

የገንዘብ ነጥብ

Kantor wymiany walut

ዉጭ ገንዘብ ምንዛሪ ቢሮ

Złoto

ርቅ

Srebro

ብር

Olej

ዘይት

Energia

ሀይል፣ ጉልበት

Cena

ዋጋ

Umowa

ግንኙነት

Podatek

ቀረጥ

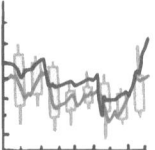

Akcja

አክስዮን

pracować

መስራት

Pracownik umysłowy

ተቀጣሪ

Pracodawca

ቀጣሪ

Fabryka

ፋብሪካ

Sklep

ሱቅ

Zawody

ስራ ሙያዎች

Policjant
የፖሊስ ዛኘር
Strażak
የእሳት ደጋ ሰራተኛ
Kucharz
ምግብ ብሳይ
Lekarz
ዶክተር
Pilot
ብራሪ

Ogrodnik

ትክልተኛ

Stolarz

ናጢ

Krawcowa

ልብስ ሰፊ ሴት

Sędzia

ዳኛ

Chemik

ቀማሚ

Aktor

ተዋናይ

Kierowca autobusu

የአዉቶቢስ ሹፌር

Taksówkarz

የታክሲ ሹፌር

Fischer

አሳ አጥማጅ

Sprzątaczka

ፅዳት ሰራተኛ

Dekarz

የጣራ ሰራተኛ

Kelner

አስተ ጋጅ

Myśliwy

አዳኝ

Malarz

ሰዓሊ

Piekarz

ጋጋሪ

Elektryk

የኤሌትሪክ ሰራተኛ

Robotnik budowlany

ገምቢ

Inżynier

መሃሃዲስ

Rzeźnik

ልካንዳ

Instalator

የቧንቧ ሰራተኛ

Listonosz

የፖስታ ሰራተኛ

Żołnierz

ወታደር

Architekt

መሃንዲስ

Kasjer

የሒሳብ ሰራተኛ

Florysta

አበባ ሻጭ

Fryzjer

የፀጉር ሰራተኛ

Konduktor

ቲኬት ቆራጭ

Mechanik

መካኒክ

Kapitan

ካፒቴን

Dentysta

የጥርስ ሐኪም

Naukowiec

ተመራማሪ

Rabin

መምህር

Imam

የሙስሊም ሃይማኖታዊ መሪ

Mnich

መነኩሴ

Proboszcz

ካህን

Narzędzia
ሳሪያዎች

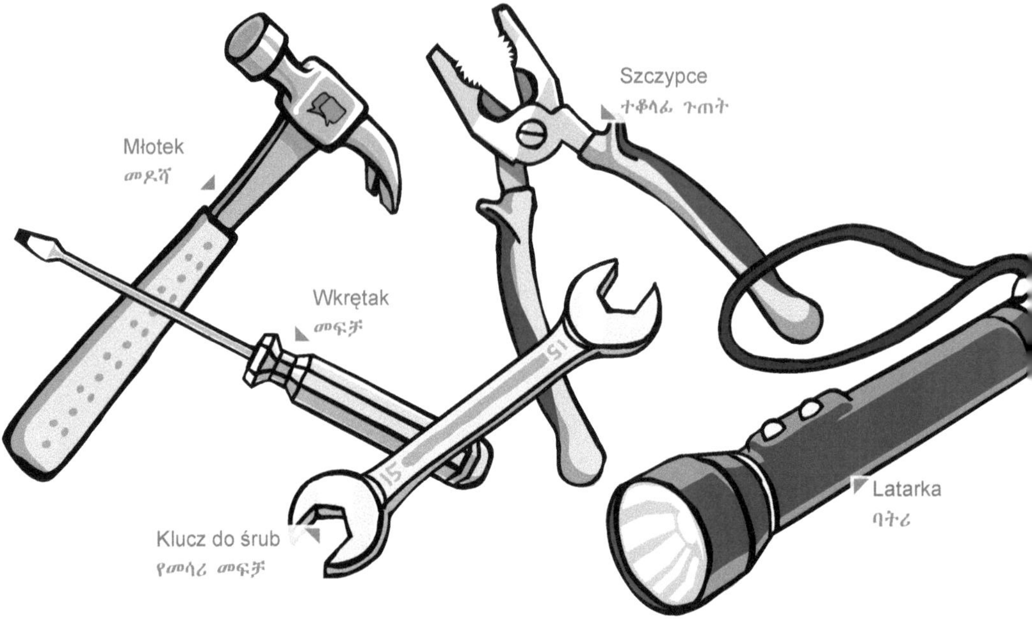
Młotek
መዶሻ
Szczypce
ተቆላፊ ጉጠት
Wkrętak
መፍቻ
Klucz do śrub
የመሳሪ መፍቻ
Latarka
ባትሪ

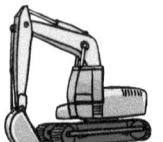

Koparka
በቁፋሮ የሚዝቅ

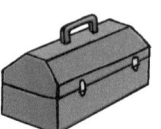

Skrzynka narzędziowa
የመፍቻ ሳጥን

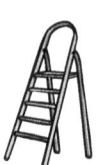

Drabina
መሰላል

Piła
መጋዝ

Gwoździe
ምስማር

Wiertło
መሰርሰሪያ

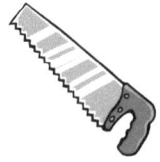

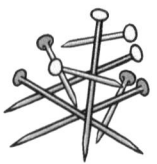

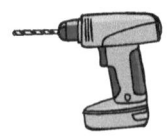

naprawić

መጠገን

Łopatka

አካፋ

Cholera!

የተረገመ!

Szufelka

ቆሻሻ ማፈሻ

Puszka z farbą

የቀለም ቆርቆሮ

Śruby

ብሎን

Instrumenty muzyczne

የሙዚቃ መሳሪያዎች

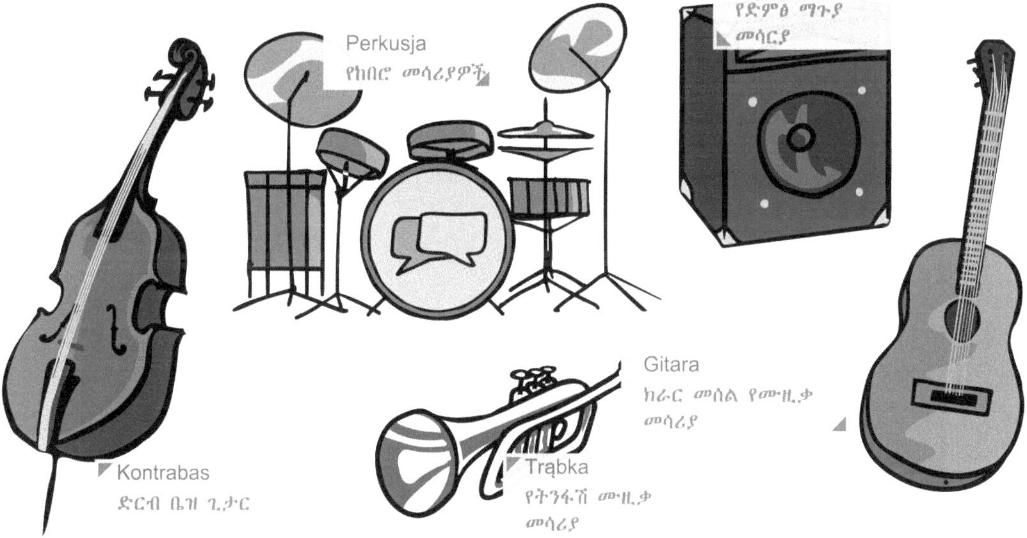

Głośnik
የድምፅ ማጉያ
መሳሪያ

Perkusja
የከበሮ መሳሪያዎች

Gitara
ክራር መሰል የሙዚቃ
መሳሪያ

Kontrabas
ድርብ ቤዝ ጊታር

Trąbka
የትንፋሽ ሙዚቃ
መሳሪያ

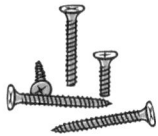

Pianino

ፒያኖ

Skrzypce

ቫዮሊን

Bas

ወፍራም፣ ጎርናና ድምፅ ያለዉ
ክራር መሰል ሙዚቃ መሳሪያ

Kotły

ነጋሪት

Bęben

ከበሮ

Keyboard

በኤሌክትሪክ የሚሰራ ፒኖ

Saksofon

የትንፋሽ ሙዚቃ መሳሪያ

Flet

ሽንት

Mikrofon

የድምፅ ማጉያ

የደር እንስሳት ማቆያ

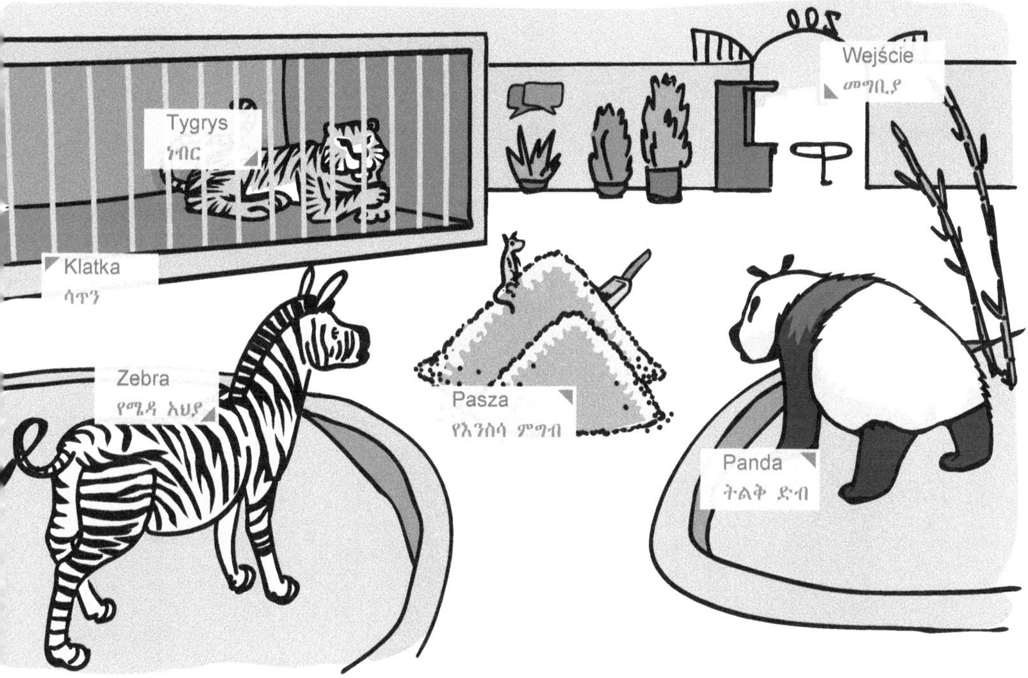

Tygrys
ነብር
Klatka
ሳጥን
Zebra
የሜዳ አህያ
Pasza
የእንስሳ ምግብ
Panda
ትልቅ ድብ
Wejście
መግቢያ

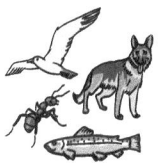

Zwierzęta

እንስሳቶች

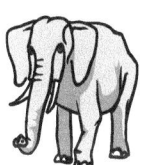

Słoń

ዝሆን

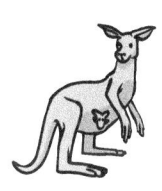

Kangur

ካንጋሮ

Nosorożec

አዉራሪስ

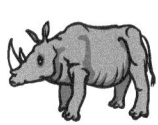

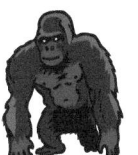

Goryl

ትልቅ ዝንጀሮ

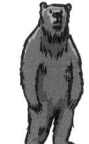

Niedźwiedź

ድብ

Wielbłąd

ግመል

Struś

ሰጎን

Lew

አንበሳ

Małpa

ጦጣ

Fleming

ቅልጥም ረጃዥም ወፍ

Papuga

በቀቀን

Niedźwiedź polarny

የወዋልታ ድብ

Pingwin

የዋልታ ወፍች

Rekin

ረጅም ጥርሶች ያሉትአሳ ነባሪ

Paw

ጣዎስ

Wąż

እባብ

Krokodyl

አዞ

Dozorca w zoo

የዱር አራዊት የሚጠበቁበት
ማቆያን የሚጠብቅ

Foka

አሳ በሊታ የባሀር እንስሳ

Jaguar

የዱር ድመት

Kucyk

ድንክ ፈረስ

Gepard

ነብር

Hipopotam

ጉማሬ

Żyrafa

ቀጭኔ

Orzeł

ንስር

Dzik

ክርክሮ

Ryba

አሳ

Żółw

የባህር ኤሊ.

Mors

የባህር አውሬ

Lis

ቀበሮ

Gazela

የሜዳ ፍየል ፡ ሚዳቋ

Futbol amerykański
የአሜሪካ እግርኳስ

Kolarstwo
የ ስክሌት ስፖርት

Tenis
ቴኒስ

Koszykówka
የ ርጫት ኳስ

Pływanie
ዋና

Boks
የቡጢ ስፖርት

Hokej na lodzie
የበረዶ ላይ የገና ጨዋታ

Piłka nożna

እግር ኳስ

Badminton

የላብ ኳስ ጨዋታ

Lekka atletyka

አትሉቲክስ

Piłka ręczna

የእጅ ኳስ ስፖርት

Narciarstwo

የበረዶ መንሸራተት ስፖርት

Polo

ፈረስ ግልቢያ

Działania

ንቅስቃሴዎች

skakać
መዝለል
objąć
ማቀፍ
śmiać się
መሳቅ
iść
መራመድ
śpiewać
መዘመር
marzyć
ህልም ማለም
modlić się
መፀለይ
całować
መሳም

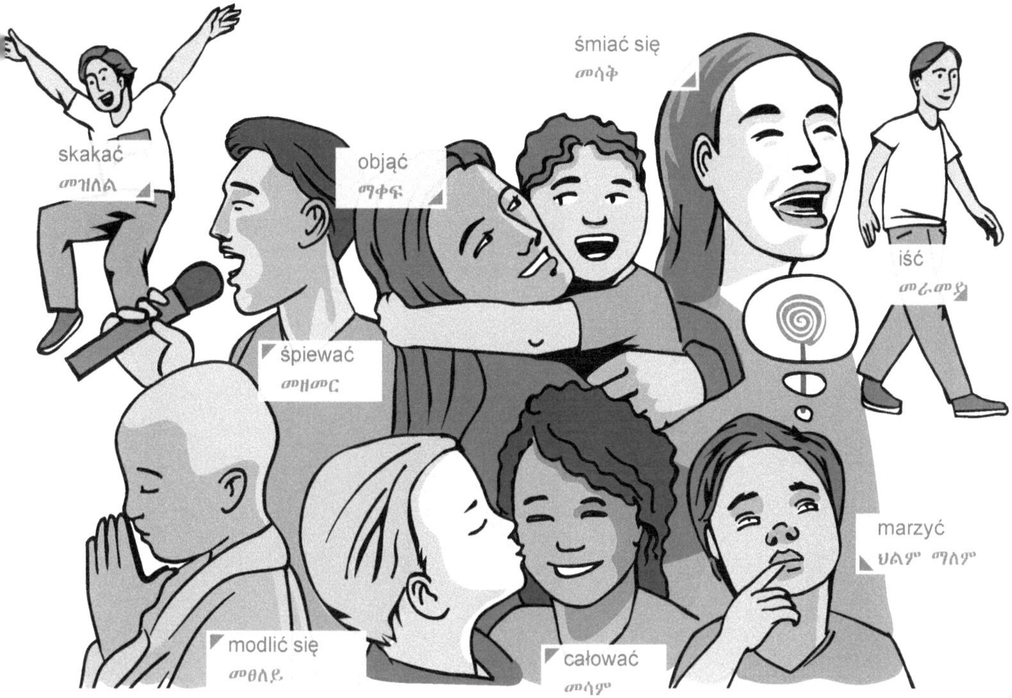

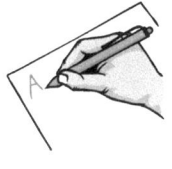

pisać

መፃፍ

rysować

መሳል

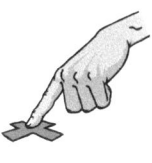

pokazywać

ማሳየት

nacisnąć

መግፋት

dać

መስጠት

wziąć

መዉሰድ

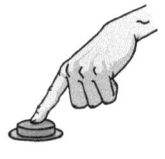

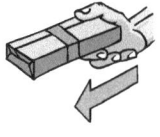

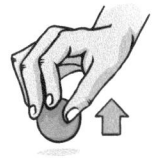

mieć

መያዝ

robić

ማድረግ

być

መሆን

stać

መቆም

biegać

መሮጥ

ciągnąć

መሳብ

rzucać

መወርወር

spaść

መውደቅ

leżeć

መዋሸት

czekać

መጠበቅ

nosić

መሸከም

siedzieć

መቀመጥ

zakładać

መልበስ

spać

መተኛት

budzić się

መንቃት

spojrzeć

መመልከት

płakać

ማልቀስ

głaskać

መሳሳር

czesać się

ማበጠር

mówić

ማውራት

rozumieć

መረዳት

pytać

ጥያቄ

słyszeć

ማዳመጥ

pić

መጠጣት

jeść

መብላት

sprzątać

ማንፃት

kochać

ማፍቀር

gotować

ምግብ ማብሰል

jechać

መንዳት

latać

መብረር

żeglować

መርከብ መንዳት

liczyć

ቁጥሮችን ማስላት

czytać

ማንበብ

uczyć się

መማር

pracować

መስራት

wejść w związek małżeński

ማግባት

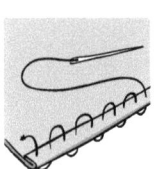

szyć

መስፋት

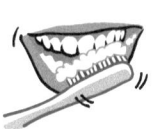

myć zęby

ጥርስ መቦረሽ

zabić

መግደል

palić tytoń

ማጨስ

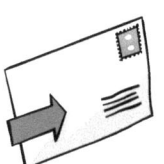

wysłać

መላክ

Rodzina

ቤተሰብ

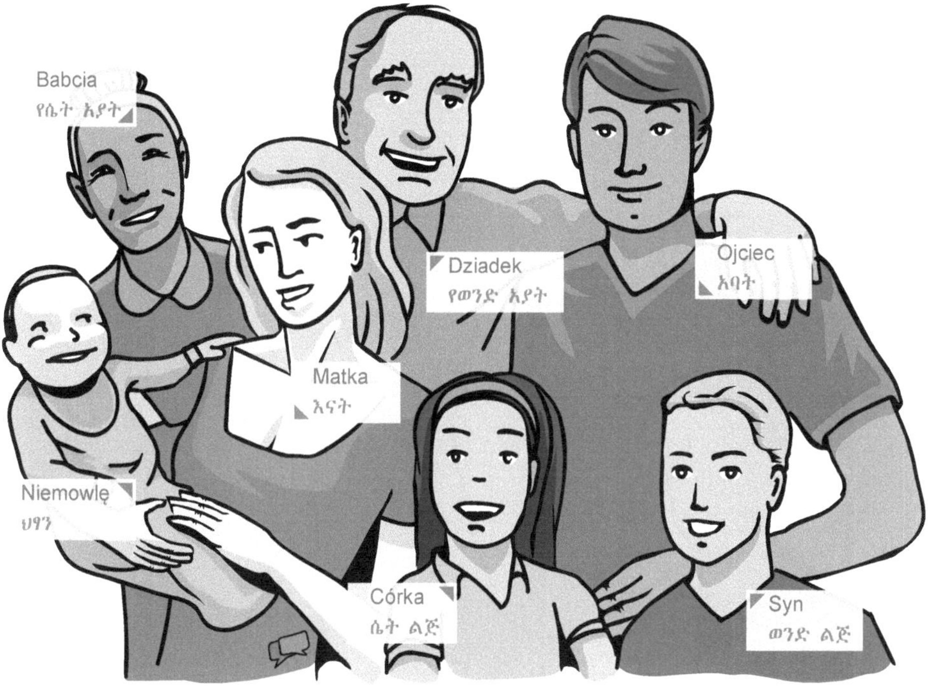

Babcia
የሴት አያት
Dziadek
የወንድ አያት
Ojciec
አባት
Matka
እናት
Niemowlę
ህፃን
Córka
ሴት ልጅ
Syn
ወንድ ልጅ

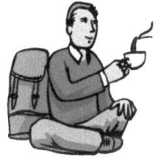

Gość

እንግዳ

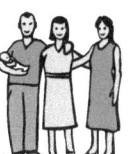

Ciotka

አክስት

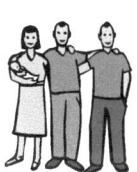

Wujek

አጎት

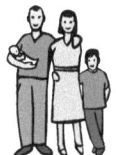

Brat

ወንድም

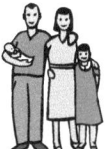

Siostra

እህት

Ciało

ካል

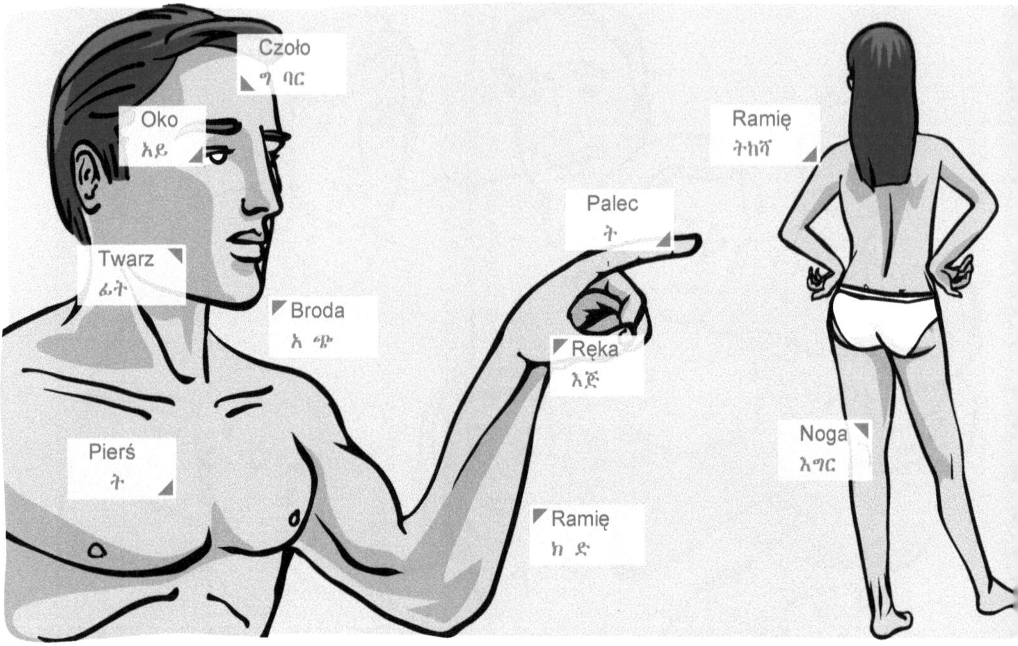

Czoło
ግ ባር
Oko
አይ
Ramię
ትከሻ
Palec
ት
Twarz
ፊት
Broda
አ ጭ
Ręka
እጅ
Noga
እግር
Pierś
ት
Ramię
ክ ድ

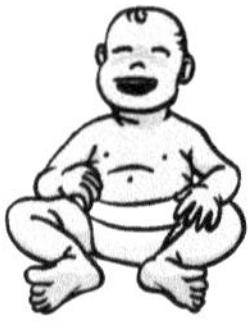

Niemowlę

ህፃ

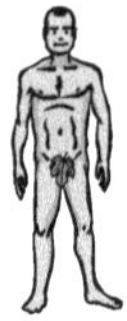

Mężczyzna

ሰዉ

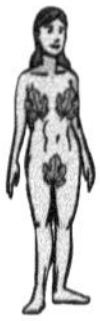

Kobieta

ት

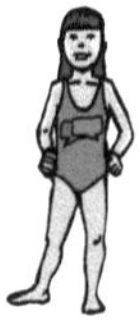

Dziewczyna

ልጃ ረድ

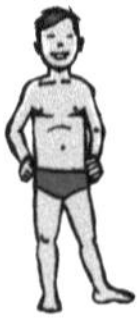

Chłopiec

ወ ድ ልጅ

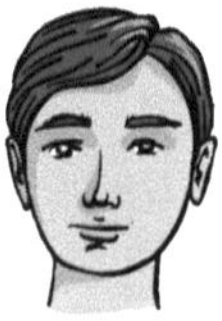

Głowa

ራስ

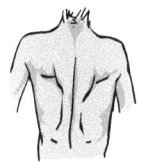

Plecy

ጀርባ

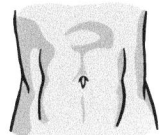

Brzuch

ሆድ

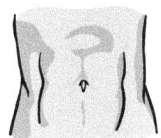

Pępek

እምብርት

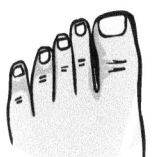

palec nogi

የእግር ጣት

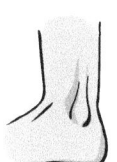

Pięta

ተረከዝ

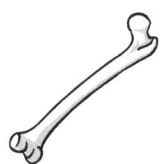

Kość

አጥንት

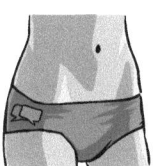

Biodro

ዳሌ

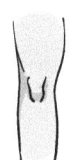

Kolano

ጉልበት

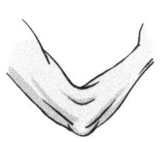

Łokieć

ክርን

Nos

አፍንጫ

Pośladki

ቂጥ

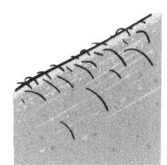

Skóra

ቆዳ

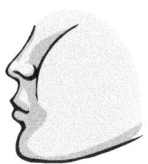

Policzek

ጉንጭ

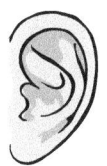

Uszy

ጆሮ

Warga

ከንፈር

Ciało - አካል

Usta

ፍ

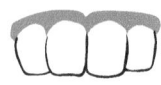

Ząb

ርስ

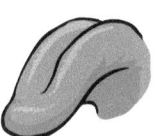

Język

ላስ

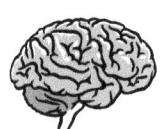

Mózg

ንጎል

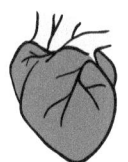

Serce

ልብ

Mięsień

ነቸ

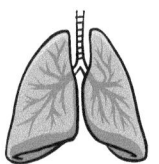

Płuca

ሳ ባ

Wątroba

በት

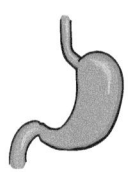

Żołądek

ሆድ

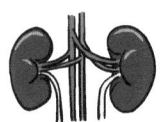

Nerki

ላሊቶች

Stosunek płciowy

የግብረሥጋ ግንኙነት

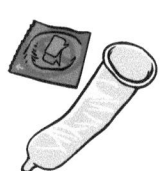

Kondom

ንዶ

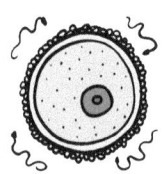

Komórka jajowa

የ ት እንቁላል

Sperma

የዘር ፈሳሽ

Ciąża

እርግዝና

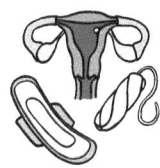

Menstruacja

የወር አበባ

Wagina

እምስ

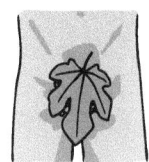

Penis

ቁላ

Brew

ቅንድብ

Włosy

ፀጉር

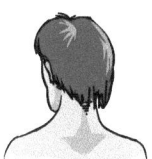

Szyja

አንገት

Szpital
ሆስፒታል

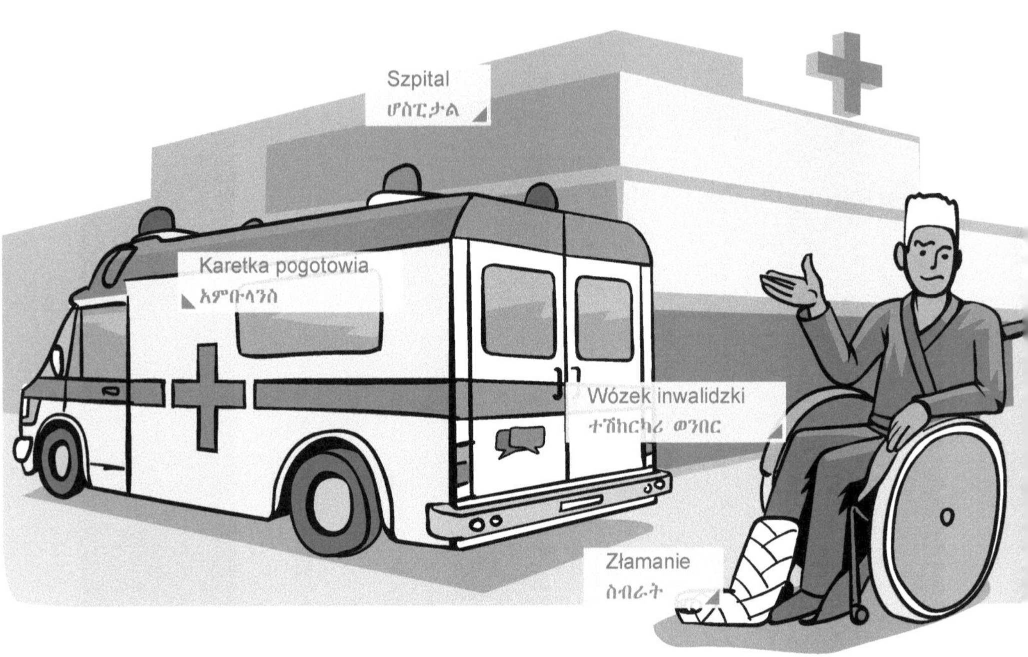

Szpital
ሆስፒታል
Karetka pogotowia
አምቡላንስ
Wózek inwalidzki
ተሽከርካሪ ወንበር
Złamanie
ስብራት

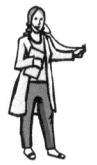

Lekarz

ዶክተር

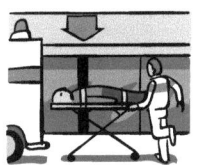

Izba przyjęć

ድንገተኛ ክፍል

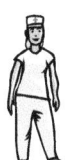

Pielęgniarka

ነርስ

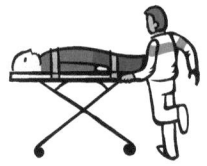

Nagły przypadek

ድንገተኛ

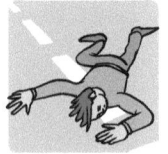

nieprzytomny

ራስን መሳት/ አለማወቅ

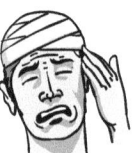

Ból

ህመም

Skaleczenie

ጉዳት

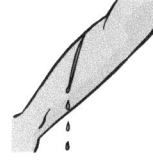

Krwawienie

መድማት

Zawał serca

የልብ ድካም

Udar mózgu

ስትሮክ

Alergia

አለርጂ

Kaszleć

ሳል

Gorączka

ትኩሳት

Grypa

ኢንፍሎዌንዛ

Biegunka

ተቅማጥ

Ból głowy

የራስ ምታት

Rak

ካንሰር

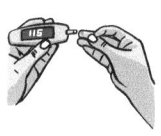

Cukrzyca

የስኳር በሽታ

Chirurg

ቀዶ ጠጋኝ ሐኪም

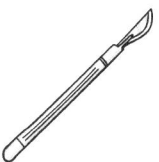

Skalpel

የቀዶ ጥገና ስለት

Operacja

ቀዶ ጥገና

CT

ሲቲ

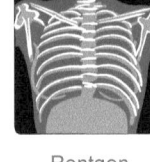

Rentgen

ኤክስሬይ

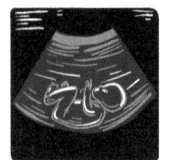

Ultradźwięki

አልትራሳዉንድ

Maska

የፌት ጭምብል

Choroba

በሽታ

Poczekalnia

መጠበቂያ ክፍል

Kula

ምርኩዝ

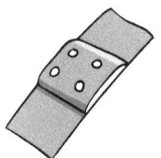

Plaster

የቁስል ማሸጊያ

Opatrunek

ፋሻ

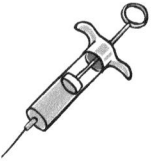

Iniekcja

መርፌ

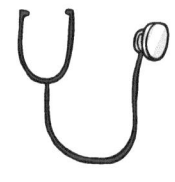

Stetoskop

የልብ ምት ማዳመጫ መሳሪያ

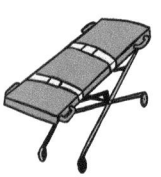

Nosze

የበሽተኛ አልጋ

Termometr

የህክምና ሙቀት መለኪያ መሳሪያ

Poród

መውለድ

Nadwaga

ከልክ ያለፈ ክብደት

Aparat słuchowy

ለመስማት የሚረዳ መሳሪያ

Środek dezynfekcyjny

ፀረ ተባይ መድሀኒት

Infekcja

ማመርቀዝ

Wirus

ቫይረስ

HIV / AIDS

ኤች አይቪ. ኤድስ

Medycyna

ህክምና

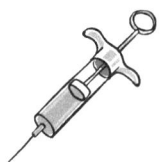

Szczepienie

ክትባት

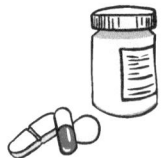

Tabletki

ኪኒን

Pigułka

ኪኒን

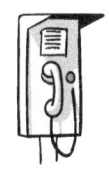

Telefon ratunkowy

አስቸኳይ የስልክ ጥሪ

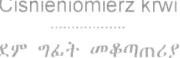

Ciśnieniomierz krwi

ደም ግፊት መቆጣጠሪያ

chory / zdrowy

ህመም/ ጤንነት

Pomocy!

እርዳታ!

Alarm

ማንቂያ ደወል

Napad

ጥቃት

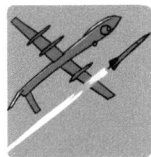

Atak

ድብደባ

Niebezpieczeństwo

አደጋ

Wyjście awaryjne

የድንገተኛ መውጫ

Pożar!

እሳት!

Gaśnica

እሳት ማጥፊያ

Wypadek

አደጋ

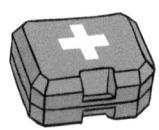

Walizeczka pierwszej pomocy

የመጀመሪያ እርዳታ መድሃኒት መያዣ

SOS

ነፍስ አድን

Policja

ፖሊስ

Europa

አዉሮፓ

Ameryka Północna

ሰሜን አሜሪካ

Ameryka Południowa

ደቡብ አሜሪካ

Afryka

አፍሪካ

Azja

እስያ

Australia

አዉስትራሊያ

Atlantyk

አትላንቲክ

Pacyfik

ፓስፊክ

Ocean Indyjski

የህንድ ዉቅያኖስ

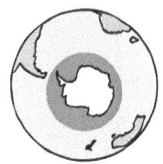

Ocean Antarktyczny

አንታርክቲክ ዉቅያኖስ

Ocean Arktyczny

አርክቲክ ዉቅያኖስ

Biegun północny

ሰሜን ዋልታ

Biegun południowy

ደቡብ ዋልታ

Antarktyda

አንታርክቲካ

Ziemia

ምድር

Kraj

መሬት

Morze

ባህር

Wyspa

ደሴት

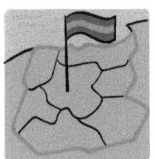

Naród

አገርና ህዝብ

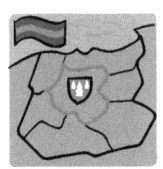

Państwo

መንግስት

Cyferblat

የሰዓት ገፅታ

Wskazówka godzinowa

ሰዓት

Wskazówka minutowa

ደቂቃ

Wskazówka sekundowa

ሴኮንድ

Która godzina?

ስንት ሰዓት ነው?

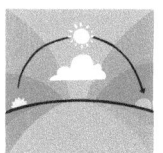

Dzień

ቀን

Czas

ጊዜ

teraz

አሁን

Zegarek digitalny

የቁጥር ሰዓት

Minuta

ደቂቃ

Godzina

ሰዓታት

Tydzień

ሳምንት

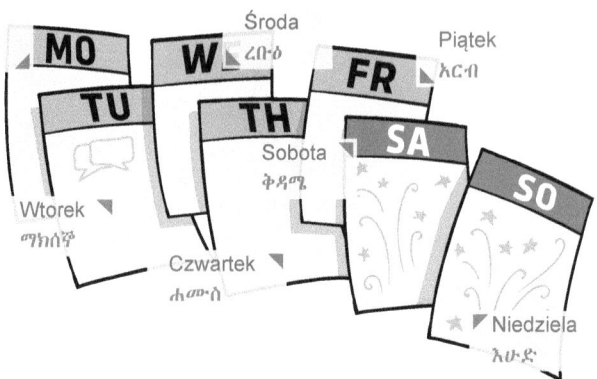

Poniedziałek
ሰኞ

Środa
ረቡዕ

Piątek
አርብ

Sobota
ቅዳሜ

Wtorek
ማክሰኞ

Czwartek
ሐሙስ

Niedziela
እሁድ

wczoraj
ትላንት

dzisiaj
ዛሬ

jutro
ነገ

Rano
ማለዳ

Południe
ቀትር

Wieczór
ምሽት

Dni robocze
የስራ ቀና

Weekend
የዕረፍ ቀና

Rok

ዓመት

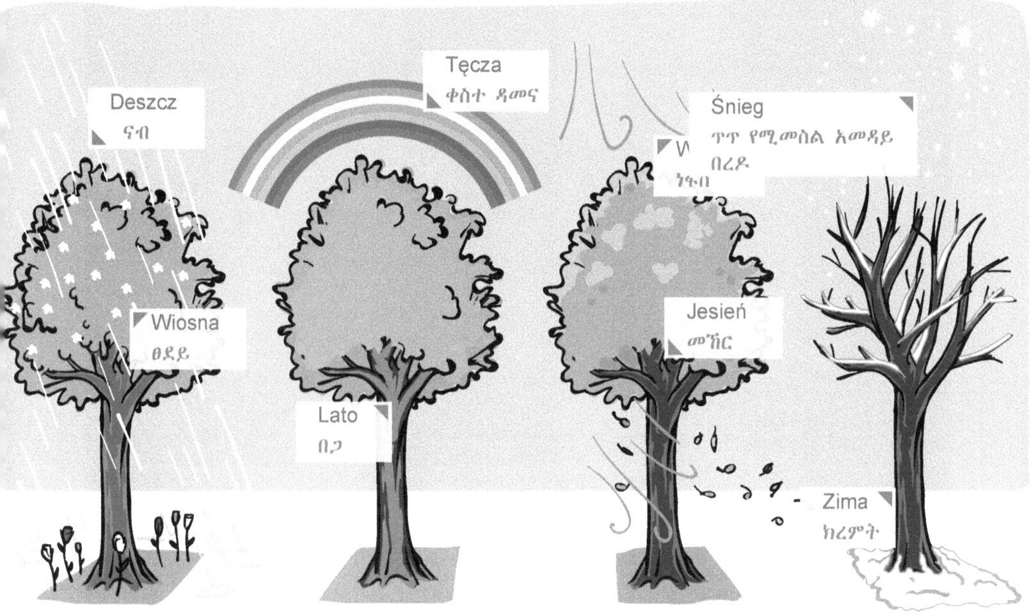

Deszcz
ናብ
Tęcza
ቀስተ ዳመና
Śnieg
ጥጥ የሚመስል አመዳይ
በረዶ
W
Wiosna
ፀደይ
Lato
በጋ
Jesień
መኸር
Zima
ክረምት

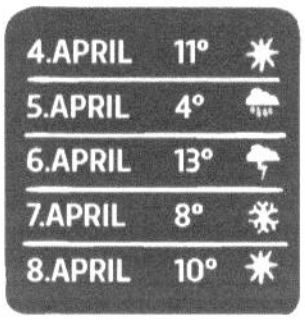

4.APRIL 11°
5.APRIL 4°
6.APRIL 13°
7.APRIL 8°
8.APRIL 10°

Prognoza pogody

....

የአየር ሁኔታ ትንበያ

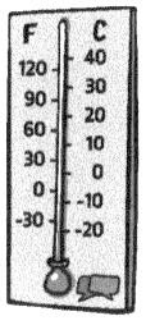

F
C
120
90
60
30
0
-30
40
30
20
10
0
-10
-20

Termometr

....

የሙቀት መለኪያ

Światło słoneczne

....

የፀሀይ ሙቀት

Chmura

....

ደመና

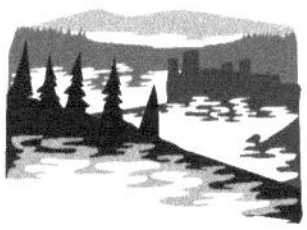

Mgła

....

ጭጋግ

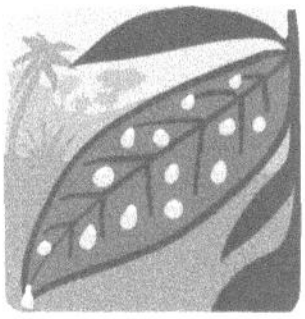

Wilgotność powietrza

....

እርጥበታማነት

Błyskawica

መብረቅ

Grzmot

ነጎድጓድ

Sztorm

አዉሎ ንፋስ

Grad

የበረዶ ዝናብ

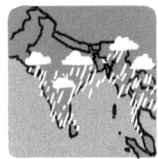

Monsun

አዉሎ ንፋስ

Potop

ጎርፍ

Lód

በረዶ

Styczeń

ጥር

Luty

የካቲት

Marzec

መጋቢት

Kwiecień

ሚያዚያ

Maj

ግንቦት

Czerwiec

ሰኔ

Lipiec

ሐምሌ

Sierpień

ነሀሴ

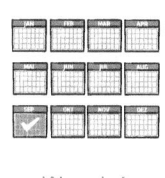

Wrzesień
መስከረም

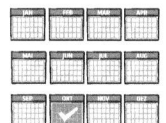

Październik
ጥቅምት

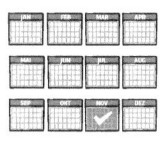

Listopad
ህዳር

Grudzień
ታህሳስ

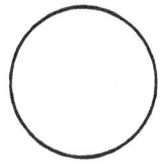

Koło
ክብ

Kwadrat
አራት ማዕዘን

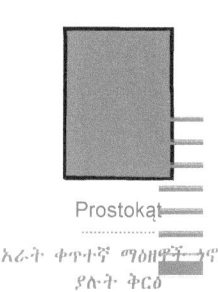

Prostokąt
አራት ቀጥተኛ ማዕዘኖች ጎኖች
ያሉት ቅርፅ

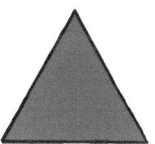

Trójkąt
ስት ማዕዘን

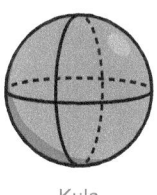

Kula
ሉ

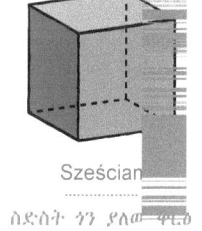

Sześcian
ስድስት ጎን ያለው ቅርፅ

biały

ነጭ

żółty

ቢጫ

pomarańczowy

ብርቱካናማ

różowy

ሮዝ

czerwony

ቀይ

liliowy

ወይን ጠጅ

niebieski

ሰማያዊ

zielony

አረንጓዴ

brązowy

ቡኒ

szary

ግራጫ

czarny

ጥቁር

dużo / mało

ብዙ/ ጥቂት

wściekły / spokojny

ንዴት/ እርጋታ

piękny / brzydki

ቆንጆ/ አስቀያሚ

początek / koniec

ጅማሬ/ ፍፃሜ

duży / mały

ትልቅ/ ትንሽ

jasny / ciemny

ደማቅ/ ደብዛዛ

brat / siostra

ወንድም/ እህት

czysty / brudny

ንፁህ/ ቆሻሻ

kompletny / niekompletny

የተሟላ/ ያልተሟላ

dzień / noc

ቀን/ ምሽት

umarły / żywy

የሞተ/ ህያው

szeroki / wąski

ሰፊ/ ጠባብ

jadalny / niejadalny

የሚበላ/ የማይበላ

zły / uprzejmy

ክፉ/ ደግ

podniecony / znudzony

ደስተኛ/ ድብርተኛ

gruby / chudy

ወፍራም/ ቀጭን

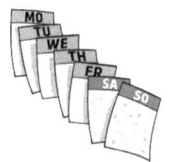

najpierw / na końcu

መጀመርያ/ መጨረሻ

przyjaciel / wróg

ንደኛ/ ጠላት

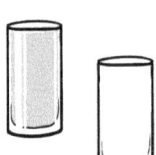

pełen / pusty

ሙሉ/ ጎዶሎ

twardy / miękki

ጠንካራ/ ለስላሳ

ciężki / lekki

ከባድ/ ቀላል

głód / pragnienie

ረሃብ/ ጥማት

chory / zdrowy

ህመም/ ጤንነት

nielegalny / legalny

ህገወጥ/ ህጋዊ

inteligentny / głupi

ንበዝ/ ደደብ

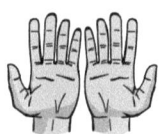

lewo / prawo

ግራ/ ቀኝ

bliski / daleki

ቅርብ/ ሩቅ

nowy / używany

አዲስ/ አሮጌ

nic / coś

ምንም/ የሆነ ነገር

stary / młody

ሽማግሌ/ ወጣት

włącz / wyłącz

የበራ/ የጠፋ

otwarty / zamknięty

ክፍት/ ዝግ

cichy / głośny

ፀጥታ/ ጫጫታ

bogaty / biedny

ሃብታም/ ደሃ

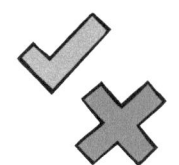

prawidłowy / błędny

ትክክለኛ/ የተሳሳተ

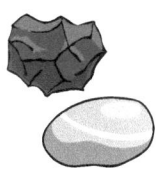

chropowaty / gładki

ሻካራ/ ለስላሳ

smutny / szczęśliwy

ሐዘን/ ደስታ

krótki / długi

አጭር/ ረጅም

powolny / szybki

ዝግተኛ/ ፈጣን

mokry/suchy

እርጥብ/ ደረቅ

ciepły / chłodny

ሞቃት/ ቀዝቃዛ

wojna / pokój

ጦርነት/ ሰላም

0

zero

ዜሮ

1

jeden

አንድ

2

dwa

ሁለት

3

trzy

ሶስት

4

cztery

አራት

5

pięć

አምስት

6

sześć

ስድስት

7

siedem

ሰባት

8

osiem

ስምንት

9

dziewięć

ዘጠኝ

10

dziesięć

አስር

11

jedenaście

አስራ አንድ

12

dwanaście

አስራ ሁለት

13

trzynaście

አስራ ሶስት

14

czternaście

አስራ አራት

15

piętnaście

አስራ አምስት

16

szesnaście

አስራ ስድስት

17

siedemnaście

አስራ ሰባት

18

osiemnaście

አስራ ስስምንት

19

dziewiętnaście

አስራ ዘጠኝ

20

dwadzieścia

ሃያ

100

sto

መቶ

1.000

tysiąc

ሺህ

1.000.000

milion

ሚሊዮን

Angielski

እንግሊዝኛ

Angielski amerykański

የአሜሪካ እንግሊዝኛ

Chiński mandaryński

የቻይና ማንዳሪን

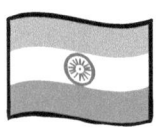

Hindi

ሂንዱ

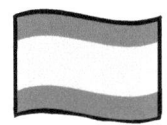

Hiszpański

ስፓኒሽ

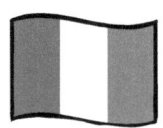

Francuski

ፈሬንች

Arabski

አረብኛ

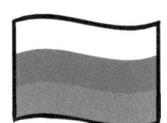

Rosyjski

ራሽያኛ

Portugalski

ፖርቹጊዝ

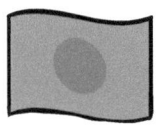

Bengalski

ቤንጋሊ

Niemiecki

ጀርመን

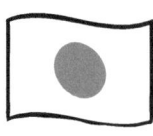

Japoński

ጃፓንኛ

ja

እኔ

ty

አንተ

on / ona / ono

እሱ/ እርሷ/ እቃዉ

my

እኛ

wy

አንተ

oni

እነርሱ

kto?

ማን?

co?

ምን?

jak?

እንዴት?

gdzie?

የት?

kiedy?

መቼ?

Nazwisko

ስም

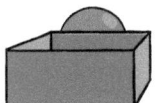

za

በስተጀርባ

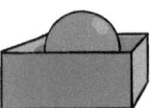

w

ዉስጥ

przed

ከፊት ለፊት

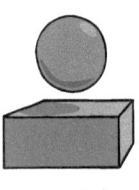

powyżej

ከላይ

na

ላይ

pod

ከስር

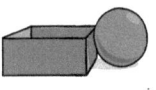

obok

አጠገብ

między

መሃከል

Miejsce

ቦታ